ちくま文庫

増補 戦う姫、働く少女

河野真太郎

筑摩書房

本書では登場する作品の結末も含むあらすじを紹介しています

はじめに

本書の出発点には、戦う女性主人公たちがいる。

例えば、二〇一五年はSF映画ファンにとっては、『スター・ウォーズ』の年であった。『スター・ウォーズ／フォースの覚醒』は、シリーズ第七作目、前作のエピソード3から十年ぶりの新作であり、物語としてはいわゆる旧三部作のエピソード4〜6の後の物語ということで、ファンの期待は否応もなく高まった。J・J・エイブラムズ監督によるその新作は期待を裏切らない出来で、往年のファンも、また旧作など歴史に属するものと感じているに違いない子供たちも、新しく、しかし古い『スター・ウォーズ』の世界に酔いしれた。

この新作は、『スター・ウォーズ』シリーズの世界観を壊さないようにしながらも、なおかつそこには確実に新たな部分が存在した。それは主人公たちである。この映画の主人公は、並はずれたフォースを持つことがあきらかになるレイであり、また彼女

図版１　ナウシカ（『風の谷のナウシカ』より）

をサポートする、元ストーム・トゥルーパー（悪役の集団ファースト・オーダーの歩兵）であるフィンであるが、前者は女性であり、後者は黒人なのだ。これまでのシリーズの主人公たちが白人男性だったことを考えると、これは非常に新しい要素であったと言える。

しかも、レイは並はずれた戦闘能力をそなえている。それは、彼女がいわゆるフォースという、『スター・ウォーズ』の世界独特の超能力を持っている選ばれし人間であるということだけではなく、フィンとの対照によって作品の前半から強調される。レイとフィンが出会う場面で、二人はファースト・オーダーの兵士や戦闘機に追われ攻撃されるのだが、レイの手を取って逃げようとするフィンに対して、レイは「手をにぎらないで」と抵抗する。実際、彼女がその棍棒を使った戦闘においてフィンをはるか

図版2　レイのシーン再現（『スター・ウォーズ／フォースの覚醒』より）
イラスト：せきやみき

にしのいでいることは十分に強調されており、戦闘においてはレイはフィンの助けなど必要としていないのである。

だが、この戦う女性主人公は、本当に新しいものだろうか。この疑問が本書の出発点であるが、当面それへの答えは「否」ということになるだろう。というのも、わたしたちは約三十年前にレイを見たことがあるからだ。

作品の冒頭において、レイが旧作で活躍した帝国軍の宇宙戦艦であるスター・デストロイヤーの残骸の中で部品集めをしているその姿を見て、アニメ映画版が一九八四年に公開された『風の谷のナウシカ』の冒頭を想起したのはわたしだけではないはずだ。図版1と図版2を比較いただきたい。図版1は、腐海という巨大な菌糸類の森で探検をするナウシカの姿、図版2はレイである。このマスク、そしてナウシカの長銃とレイの棍棒。実際、監督のJ・J・エイブラムズは、来日時に宮崎駿へのリスペクトを口にしている（ABC振興会）。このレイの人物造形はナウシカへの意識的なオマージュと言っていいだろう。二人の類似性はこの見た目にとどまらない。二人とも、主人公級の脇役の男性キャラクターとの対照で、その戦闘力が強調される。レイの場合はフィン、ナウシカの場合はアスベルである。またとりわけナウシカについては本書の第四章と第五章で詳しく論じることになるが、二人は物語の構造の上で、真実の審級とでも言うべき立場にある。ナウシカが、彼女の生きる世界と腐海についての真実を知る人間であるとするなら、レイは、ハン・ソロのアイロニカルな台詞「いつも真実を理解しているのは女なんだ、いつもな」が示しているように、男たちが到達できない真実にアクセスできるポジションにある。

さて、この二人の類似性は、単にエイブラムズ監督によるオマージュというだけで説明できるだろうか。もちろん、できない、というのが本書の仮説であるが、より重要なのは、それではこの類似性はいかなる歴史性から、いかなる社会の変化から生じてきたのか、という問題である。

『スター・ウォーズ』の歴史は一九七七年にエピソード4が公開された時に始まる。その後、一九八〇年のエピソード5、一九八三年のエピソード6が加わってこれはオリジナル・トリロジー（または旧三部作）と呼ばれる。わたしにとってもっとも感慨が深かったのは、旧三部作と新作における女性キャラクターの変遷であった。

旧三部作の女性キャラクターと言えば、キャリー・フィッシャーが演じたレイア姫である。レイア姫は全体主義的な帝国軍に対するレジスタンスの重要人物であり、帝国軍が建造中の大量破壊兵器デス・スターの設計図を持っていると目されたため、エピソード4の冒頭で帝国軍に捕らえられ、デス・スターに監禁される。物語の半分以上は主人公のルーク・スカイウォーカーが、ジェダイ（フォースをあやつり、ライトセーバーという光の剣で戦う正義の騎士）のオビ＝ワン・ケノービや密輸商人のハン・ソロらの助けを借りつつ、レイア姫を救出するというエピソードで占められている。このエピソードはもちろん、幽閉されたお姫様を救出するという物語の定型なのであるが、『スター・ウォーズ』がその定型につけ加えた魅力はおそらく、そのお姫様がおとなしく騎士に救出されるがままになる、か弱いお姫様ではない、という点であろう。レイアが監禁された独房までたどり着いて彼女を救出するルークたちであるが、結局帝国軍に発見され、独房区画に追い詰められてしまう。レイアは「脱出の計画をしてなかったの⁉」と男たちにダメ出しをし、ルークの手からレーザー銃をひったくると、ダストシュートの入り口を破壊、そこに飛び込んで逃げるという形でみずから退路を切り開く。

じつのところ、このレイア姫の姿にすでに、本書のテーマとなる「戦う姫」の原型が見いだせる。この強気で戦闘力もある新たなお姫様像は、一九七〇年代のフェミニズム、そしてレイア姫を演じた俳優キャリー・フィッシャーのフェミニズムと無関係ではあるまい。実際、キャリー・フィッシャーはフェミニズム的な発言をしつづけたことで知られている。例えば、『フォースの覚醒』でレイ役を演じたデイジー・リドリーとの対談で、フィッシャーはつぎのように述べている。

フィッシャー　聞いて！　わたしはセックス・シンボルなんかじゃないし、セックス・シンボルだというのは他人の意見なわけよ。それには同意できない。

リドリー　その言葉は……

フィッシャー　まちがってるわよね？　そう、あなたは衣装については闘いなさい。わたしのような奴隷になってはいけない。

リドリー　わかった。闘うわ。

フィッシャー　あの奴隷の衣装と闘いつづけなさい。

リドリー　わかったわ。
(Carrie Fisher, Interview with Daisy Ridley)

ここでフィッシャーが言っているのは、『スター・ウォーズ　エピソード6／ジェダイの帰還』の冒頭のことである。そこではレイアが、犯罪王ジャバ・ザ・ハットに捕らえられ、奴隷にさせられている。その際の衣装が、露出度が非常に高い、まさにフィッシャーが言うようにレイア姫をセックス・シンボル化するようなもので、フィッシャー自身はそれを非常に不満に思っているわけである。

このインタビューは、二つの意味で感慨深い。ひとつは、フィッシャーとリドリーとのあいだに、フェミニストとしての母娘関係とでも言えるものが結ばれている様子である（このことは、映画作品の中でも二人の演じるレイとレイア姫とのあいだに擬似的な母娘関係が結ばれることを考えると、なおさら感慨深い）。もうひとつは、そのような関係にもかかわらず、フィッシャー＝レイア姫とリドリー＝レイとのあいだには、フェミニストとしての世代間の差異が確実に存在するということである。フィッシャーは、みずからを性的対象として表象しようとする勢力と、必死で闘う。それは劇中のレイア姫にもそのまま反映されているように思える。例えば先に説明した、ルークらによるレイアの救出の場面を改めて見てみよう。ルークが独房の扉を開けた瞬間レイアはそこで無防備に眠っている。その体はベッドの上で、女性的な曲線を強調するようなS字形の姿勢で横たわっている。それに思わず見とれるルーク（この見とれる演技は、ストーム・トゥルーパーのフルフェイスのヘルメットをかぶった状態で行われるが、名演と呼べるだろう）。つまり、レイア姫は先ほど述べたような「男まさり」を発揮する前に、まずは女性として性別化されているのだ。

それと奴隷の衣装の問題を考え合わせると、レイア姫はみずからを女性として物象化しようとする力とつねに闘っているのだということになる。彼女の時に過剰とも思える強気さは、むしろそこから生じているのではないかとさえ考えられるのだ（ちなみに、そのようなレイア姫は後のツンデレの元祖とも見ることができるが、それについては深入りしない）。

それと比較した際に際立つのは、レイの力の抜け方である。彼女はそもそも、彼女を女性として対象化／物象化しようとする力からは自由であるように見える。あるといえばせいぜい、彼女の手を取ろうとするフィンに対する抵抗であるが、すでに述べたように彼女がフィンに圧倒的に優越していることは前もって示されている。全体的な印象として、レイは非常に中性的に描かれており、母の世代のフェミニストたちの苦闘などどこ吹く風という風情であると言ってよさそうだ。その姿は、双子であるが故にルークと同様のフォースを持っているはずなのに、ジェダイになって活躍することはなかったレイア姫の夢を実現した姿なのだろうか。フィッシャー／レイアが属する第二波フェミニズム（これについては第一章を参照）の問題、そこでの女性たちの苦闘といったものからは遠く離れ、自己実現しているように見える新たな（本書でこのあと述べるところではポストフェミニズム的な）女性像としてのレイ。だがそのレイは、一九八〇年代にすでに提示されていた新たなヒロイン像、つまりナウシカとどうやらひと脈通じているらしい。本書の目的は、これらの、ほぼ支配的となったと言っていい、戦う女性像のあいだに一体何が起こったのか、という疑問を解きほぐすことである。氾濫する戦う女性の像の陰には、一体何が隠されているのか？　この「はじめに」は、いわば読者に出されたクイズである。ここではそれについて答えは出すまい。以下、早速第一章の『アナと雪の女王』論から読んでいただき、答え合わせをしていただければと思う。

ただしその前に、本書の目的について少し付言しておきたい。本書は基本的にはポピュラー・カルチャーにおける女性の表象を論じる。ただし、本書はポピュラー・カルチャー論としてはそもそも構想されていない。それゆえに、ポピュラー・カルチャー論として読むと、なぜこの作品があつかわれていないのか、だとか、はたまたなぜこんな作品があつかわれているのかと、戸惑ってしまうだろう。本書はポピュラー・カルチャーを、すでにその範囲の定まった対象とみなしてそれを教科書的・網羅的に論じることは目的としておらず、むしろここ三十〜四十年間に起こったわたしたちの社会と労働と文化の変遷を色濃く表現している文化的な制作物を、ある意味では分け隔てなく、ある意味では恣意的にあつかっていく。筆者の意図の水準では、そうすることによって、一見関係ないと思われるような作品のあいだに意外な結びつきが見いだされる、その知的な興奮を読者と共有できればと願っている。

さらに言えば、本書であつかうのはポピュラー・カルチャーではなく共通文化《コモン・カルチャー》のつもりである。共通文化とはイギリスの著述家レイモンド・ウィリアムズが述べた言葉である。簡潔に定義するのは難しいが、共通文化とはわたしたち社会の構成員が、その創造と受容のプロセスにみなで関わっていると感じられるような文化のことだ。いわば文化のたこつぼ化が進む現在、そのような「わたしたちの文化」について語ることはますます難しくなっている。もちろん、「わたしたち」と言い出したとたんに、それは一体誰だ、「わたしたち」などと言い出すこと自体が、ナショナリズムだ、全体主義だ、権威主義だ、という疑問が出てくることは当然である。だがすくなくとも、文化について語るのであればわたしたちはその文化がいかなる形で共有されており、わたしたちの生活全体とどのような関係を切り結んでいるのかという疑問を手放してはならないと思う。共通文化という、現在では想像の難しいものをあえて目的地に据えることで、そのような疑問がすくなくとも起動される。共通文化は、すでにわたしたちが知っている対象などではなく、これから来たるべき（もしくはいつまでたっても到来しないかもしれない）ものであり、そこへと向かうプロセスそのものの名前である。

さて、そのプロセスに乗り出す前に、本文についていくつかの注意書きをしておきたい。本文中では文献の煩雑な引証は最小限にとどめた。巻末に、各章および補論で引用・参照した文献がリスト化されている。本文中で引用をした場合、本文中または丸括弧内にその文献の筆者・作者名と、必要な場合にはその頁数を表示したので、巻末の参考文献リストを参照されたい。

また、本書では数多くの作品を論じており、それぞれの作品を鑑賞していない読者にも理解ができるように、できるだけていねいにあらすじを紹介したつもりである。そのため、逆に言えば、あらすじの説明に際して大幅な「ネタバレ」が行われている場合もある。本書であつかう作品は、たとえ批判めいたことが書いてあったとしても、著者としてはどれも力強い名作だと思う作品ばかりであり、ぜひとも読者のみなさんには作品に直接当たっていただきたいと願っている（たとえば何度も批判しているシェリル・サンドバーグでさえも、筆者はじつはすばらしいと思っている）。したがって、もし偏見なく作品を楽しみたいという場合には、本文を読む前に作品を鑑賞していただくことをおすすめしたい。

目次

はじめに　3

第一章　『アナと雪の女王』におけるポストフェミニズムと労働　19

革命的フェミニスト・テクストとしての『アナと雪の女王』
二人のポストフェミニストの肖像
トップ・ガールズとブリジットたちの和解？
シェリル・サンドバーグは存在しない――グローバル資本主義とその本源的蓄積
労働なき世界と「愛」の共同体
〔補論〕日本のポストフェミニズムと『アナと雪の女王2』

第二章　無縁な者たちの共同体
――『おおかみこどもの雨と雪』と貧困の隠蔽　55

承認と再分配のジレンマ
『おおかみこどもの雨と雪』と貧困の再生産
ポスト・ビルドゥングスロマンと成長物語の変遷

『ハリー・ポッター』、『わたしを離さないで』と多文化主義
無縁な者たちの共同体
コーダ――現代版『ライ麦畑でつかまえて』としての『僕だけがいない街』
〔補論〕インターセクショナリティと究極の包摂社会

第三章 『千と千尋の神隠し』は第三波フェミニズムの夢を見たか？ 97
――アイデンティティの労働からケア労働へ
フェイスブックという労働
『魔女の宅急便』のポストフェミニズム
『千と千尋の神隠し』は第三波フェミニスト・テクストか？
『逃げるは恥だが役に立つ』？――依存労働の有償化、特区、家事の外注化
〔補論〕亡霊としての第三波フェミニズムとケア

第四章 母のいないシャカイのユートピア 145
――『新世紀エヴァンゲリオン』から『インターステラー』へ
スーパー家政婦、あらわる
『インターステラー』の母はなぜすでに死んでいるのか？

『インターステラー』の元ネタは『コンタクト』なのか?
『コンタクト』と新自由主義のシャカイ
セカイ系としての『インターステラー』
『エヴァ』とナウシカのポストフェミニズム
コーダ1 AIの文学史の可能性――『ひるね姫』と『エクス・マキナ』
コーダ2 矛盾の回帰?――『ゴーン・ガール』と『WOMBS』
〔補論〕シャカイから遠く離れて

第五章 『かぐや姫の物語』、第二の自然、「生きねば」の新自由主義
「生きろ/生きねば」の新自由主義
『風の谷のナウシカ』における技術と自然の脱構築
技術と自然の脱構築と労働の隠蔽
『風の谷のナウシカ』、『寄港地のない船』、(ポスト)冷戦の物語
罪なき罰と箱庭
〔補論〕ナウシカの時代と人新世

終章　ポスト新自由主義へ　225
没落系ポストフェミニストたち
主婦が勝ち組？——ハウスワイフ2・0から『逃げ恥』へ
セレブ主婦の蜃気楼
貧困女子の奮起
エイミーたちの願いとジンジャーたちの連帯
おわりに　265
文庫版へのあとがき　270
参考文献　278

第一章　『アナと雪の女王』におけるポストフェミニズムと労働

革命的フェミニスト・テクストとしての『アナと雪の女王』

二〇一三年に公開された映画『アナと雪の女王』は革命的である。なぜなら、この映画はディズニーのプリンセスものの文法を否定するからだ。ヒロインのひとりアナは、ディズニー・プリンセスのパターンを律儀になぞっていくように見える。アレンデール王国の閉ざされた城門が開かれる戴冠式の日に、アナは「運命の人」に出会えるかもしれないと期待に胸をはずませ、お約束のようにハンス王子と衝突し、恋に落ちる。後半で、エルサの魔法で心臓が凍結しそうになったアナは、『白雪姫』と『眠れる森の美女』の伝統に従って、キスを受けるためにハンスのもとに運ばれる。しかし物語はこのすべてを小馬鹿にするように転回する。ハンスの裏切りによって。王国の十三男であるハンスは、アナに取り入ってアレンデール王国を自分のものにしようと企んでいたのだ。アナ側の物語においては、コレット・ダウリングが「シンデレラ・コンプレックス」と呼んだもの、または若桑みどりが名著『お姫様とジェンダー』で批判したお姫様イデオロギーが批判されている。つまり、女が「外からくる何かが自分の人生を変えてくれるのを待ちつづけている」(『シンデレラ・コンプレックス』三二頁)ことへの批判だ。

アナの姉、「雪の女王」たるエルサの物語はさらに革命的である。なんといってもエルサは、シンデレラ願望どころかそもそもの異性愛を拒否しているように見えるのだから。エルサの魔法の力が何の寓意であるかは意見の分かれるところだが、あの力を何かの比喩としてではなく、「エルサの中にある名づけ得ぬ何か」、ジークムント・フロイトが「それ」としか呼べなかった衝動だと考えたらどうだろうか。エルサは「それ」を隠し、統御せよという死んだ父による抑圧に抵抗し、そこから解放される。エルサがアレンデールを去って雪山の中で歌う感動的な劇中歌〝Let It Go〟をどう訳すかは意外に難しい。「ありのままで」という日本語版の翻訳からは相当のものがこぼれ落ちている。直訳では「それを解き放とう」という意味のこの歌は、一方では「すべてのしがらみを放り出して自由になろう」というメッセージとも読める。しかし、もう一方で、〝it〟とはまさに「それ」、エルサのうちにある、名づけ得ぬ「それ」

であり、「「それ」を解放しよう」と歌っているとも解釈できる。そして、「それ」が向かう対象は異性であるとは限らない。

エルサの物語が感動的なのは、名もなき「それ」に名前をつけよという圧力を拒否する姿が、ある種の普遍性を獲得しているからだ。エルサは父の禁止＝家父長制から逃れようとする原フェミニスト的な人物でもあるし、どんな男とも関係をもたず、最終的にはアナとの姉妹愛、シスターフッドの愛に気づくという意味では家父長制を下支えする異性愛そのものも否定しているように見える。

この映画の革命性が際立つのは、もちろん物語の終結のシークエンスであろう。クリストフという「真の王子様」ではなく、エルサを命を賭して救うことを選択するアナ。この選択の後では、クリストフとの結びつきも付け足しにしか見えない。最後のスケートリンクの場面では、クリストフはトナカイのスヴェンと、エルサはアナと滑り、踊る。この映画の主題はもはや王子様との異性愛ではなく、姉妹のあいだの愛である。この風景に、従来のディズニー映画の自己否定の完成形を見るのは大げさだろうか。

しかし、この映画の革命性には二つの保留が必要である。

ひとつは、この革命が本作で突然に始まったものではなく、いわば長い革命であったことだ。シンデレラ物語の否定は『リトル・マーメイド』(一九八九年)、『美女と野獣』(一九九一年)あたりからすでに始まっており、一九九八年の『ムーラン』において決定的な転回点を迎える。『ムーラン』は、主人公ムーランが中国の封建的な秩序に逆らって、男社会の精髄の軍隊において立身出世する、圧倒的なフェミニスト・ストーリーなのだ。『プリンセスと魔法のキス』(二〇〇九年)では財産のない王子様を、料理というスキルを持ったヒロインが支えるし、『塔の上のラプンツェル』(二〇一〇年)と『メリダとおそろしの森』(二〇一二年)は原フェミニスト的な主題である「母娘関係」を探究する。『ラプンツェル』では擬似的な母からの解放が、『メリダ』では母のリベラルな解放と母娘の和解が描かれる。『アナ雪』は、二十年を超えるディズニー映画の探究の完成形である。

もうひとつは、より本質的に重要な問題である。わたしたちの時代は、ここまで濫用してきた言葉、つまり「革命」によって溢れかえっているということだ。ここで言っているのは、例えば日本において郵政民営化によって新自由主義を完成させた小泉純一郎が「自民党をぶっこわす」革命児として自己を演出したことであるし、その後「日本を取り戻」した安倍晋三が、その保守的イデオロギーにもかかわらず「女性の活躍」(男女共同参画社会)を進めていることである。新自由主義は革命であった。さまざまな革命と、この新自由主義革命との区別がつかないことが、わたしたちの政治の中心的な問題のひとつであり、そのさらに中心には女性がいる。それを『アナ雪』は物語っていないか。『アナ雪』の革命と新自由主義革命とのあいだの差異と同一性を考えない限りは、この作品の評価は完成しないのではないか。この疑問を探究するにあたって、まずはこの映画を「ポストフェミニスト・テクスト」として特徴づけてみたい。

二人のポストフェミニストの肖像

ポストフェミニズムという用語の意味を確認しよう。この用語の使用法は、論者によってかなり違う。本稿ではこの言葉を、「イズム」という接尾辞が含意するような主義主張の名称ではなく、ある状況の名称として使いたい。その状況を、米文学者の三浦玲一はこのように定義している。

ポストフェミニズムの特徴は、日本で言えば一九八六年〔施行〕の男女雇用機会均等法以降の文化だという点にある。それは、先鋭的にまた政治的に、社会制度の改革を求めた、集団的な社会・政治運動としての第二波フェミニズム、もしくは、ウーマン・リブの運動を批判・軽蔑しながら、社会的な連帯による政治活動という枠組みを捨て、個人が個別に市場化された文化に参入することで「女としての私」の目標は達成できると主張する。このようなポストフェミニズムの誕生は、同時代のリベラリズムの変容・改革とかなりはっきりとつながっている。それは（…）新自由主義の誕生であり、新自由主義の文化の蔓延である。（六四頁）

第二波フェミニズムもしくはウーマン・リブとは、一九六〇年代後半に公民権運動や学生運動の波と軌を一にして起こった女性運動である。その前の第一波フェミニズムが、参政権や財産権といった法的な面での女性の権利を獲得しようという運動であったなら（欧米の多くの国では二十世紀前半に参政権は獲得された）、第二波フェミニズムは参政権といった法制度では覆いきれない女性の権利を問題とした。第二波フェミニズムも一枚岩ではなく多様であるものの、そこで問題とされたのは働く権利、職場での平等、主婦の権利、教育への権利、リプロダクティヴ・ライツ（中絶合法化など）であった。また、歴史的には、第二波フェミニズムは欧米の福祉国家下で生じたという事実も押さえておくべきだろう。戦後復興を経て、一九六〇年代はイギリスであればスウィングする六〇年代と呼ばれたように、大量生産・大量消費のサイクルがうまく回り、その中で完全雇用という夢が実現されようとしていた。だが、完全雇用とはいっても、それは稼ぎ頭《ブレッド・ウイナー》としての男性の雇用のことである。福祉国家下で典型的な家族形態とは男性が働き、女性が主婦となる核家族であった。福祉国家はそのような性差別を制度化したものであり、第二波フェミニズムはそれに対する異議申し立てでもあった。

さて、先ほどの三浦からの引用では述べられていないが、ポストフェミニズム状況とは、まずは第二波フェミニズムの成果である。それは、いまだ女性には十分に与えられていなかった教育の権利、働く権利などを実質的に獲得する運動であった。もちろん、これらが本当の意味で実現されたとは（とりわけ日本では）いえないものの、そういった権利が実現されたことにされた状況、それがポストフェミニズムだと、とりあえずは定義できるだろう。

しかし、本書を通じて検討したい点であるが、ポストフェミニズムは同時に、八〇年代以降の新自由主義の成果でもあった。新自由主義とは、イギリスであればサッチャリズム、アメリカであればレーガノミクスと呼ばれるものから始まった現代の政治経済の名前である（日本では中曽根首相がその同時代）。ごく一般的な説明をしておくと、新自由主義は先行する福祉国家を批判した。福祉国家は、大きな政府が産業を国有化し、経済に強く介入することによって先に述べたような好景気の循環を作り出した。ところが一九七〇年代にその好景気に陰りが見え始めると優勢になった政治経済が新自由主義である。経済思想としては、福祉国家を代表するのがイギリスのジョン・メイナード・ケインズであるなら、新自由主義の始祖と見なされるのはオーストリア出身のフリードリヒ・ハイエク（一九四四年の『隷属への道』）である。ハイエクの本は経済思想というよりは、社会主義や共産主義（さらにはそれに類似する福祉国家）が大戦中の全体主義に帰結することを訴えた政治の書である。全体主義の暗い記憶をネガとして描き出される新自由主義というポジの基本原理は、市場の自由とその中での競争である。市場の自由を最大化すれば、経済はもっとうまくいく、ということだ。その原理から、福祉国家下で国有化が進められたさまざまな産業が民営化——ただし、privatization の訳であるこの言葉は民営化＝「民」による経営などではなく、「私有化」と訳されるべきかもしれない——される。自由化・民営化が新自由主義のキャッチフレーズだ（身近なところでは、中曽根政権下で進められた国鉄の民営化、小泉政権の郵政民営化）。

このような政治経済から出てくる個人の倫理とは「競争」の倫理である。新自由主義は経済的な格差を広げるかもしれない。しかしそれは、公平な条件のもとでの競争のあくまで結果としての格差であり、否定されるべきものではない。また、個人の競争を阻害するもの、つまり集団的な政治（とりわけ労働組合）は否定されなければならないし、個人を市場の荒波から守る中間的なものも取り去られなければならない。サッチャーの有名な言葉「社会などというものは存在しません」は、社会主義の否定であるとともに、そのような中間的なものの否定である。

一九八〇年代に始まったとされる新自由主義とフェミニズムの変容、それを先の三浦の引用は指摘していた。ポストフェミニズムとは基本的に、この新自由主義下での女性とフェミニズムの状況のことだ。言い方を変えれば、第二波フェミニズムの政治目標から「集団的な社会変革」を取り除き、「個人の立身出世」を代入すれば、ポストフェミニズム状況ができあがるということだ。男女雇用機会均等法（以下、均等法）は確かにフェミニズムの成果だっただろう。それが、個人としての女性たちがメリトクラティックな競争をするための所与の「環境」と化した状況が、ポストフェミニズムだと言ってもいいかもしれない。第二波フェミニズムのある部分（あくまで一部分）とポストフェミニズム状況、そしてさらには新自由主義とのあいだには、切断だけではなく連続性が存在するのだ。

ポストフェミニズムの文化を考えるにあたってひとつ特徴的な現象を指摘したい。

それは、ポストフェミニズムが二種類の人物像を生産する、ということである。下世話な表現を使えば負け組と勝ち組だ。ポストフェミニズム的作品としてよく論じられるのは『ブリジット・ジョーンズの日記』と『セックス・アンド・ザ・シティ』だが、前者のダメ女主人公ブリジット、酒はがぶ飲み、煙草は吸いすぎ、体重過多に悩むブリジットを負け組キャラとするならば、バリバリに働いてライフスタイルをもっている後者の主人公四人組が勝ち組キャラということになる。現実の人物で「勝ち組」の代表格としては、フェイスブック社の最高執行責任者〔現在は退任して取締役〕であり、二〇一二年には『タイム』誌の「世界でもっとも影響力のある百人」のひとりに選ばれた、シェリル・サンドバーグを挙げてもいいだろう。彼女がディズニー社の役員でもある〔当時〕ことは、先に言っておいた方がいいだろうか。

暫定的な結論から述べておこう。『アナ雪』がみごとなポストフェミニスト・テクストになっているのは、この作品が二つのタイプのポストフェミニストを、姉妹という形で表象するからである。つまり、ここで検証したい仮説は、アナ＝負け組ポストフェミニスト、エルサ＝勝ち組ポストフェミニストという図式である。アナはブリジット・ジョーンズであり、エルサはサンドバーグである、と言えるかどうか〔図版1〕。アナ側の異性愛プロットは、ジェイン・オースティンの『高慢と偏見』をなぞって

図版1　シェリル・サンドバーグ『LEAN IN』（日経BP）

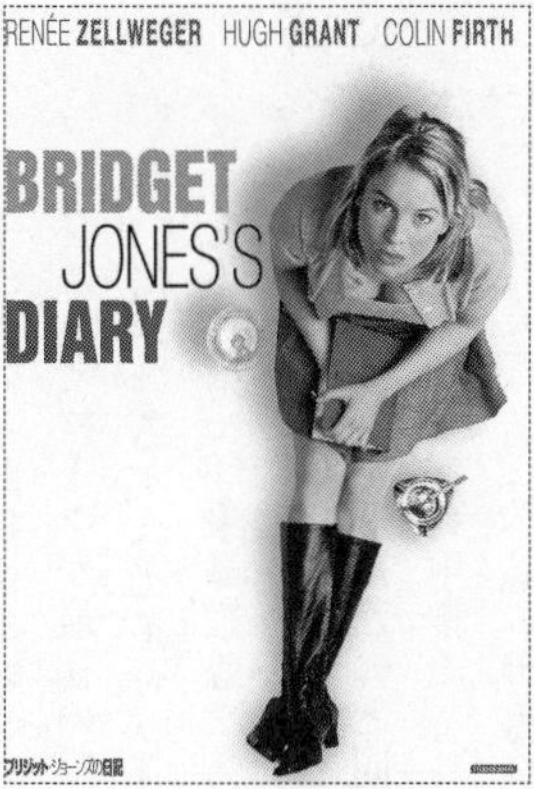

図版2　『ブリジット・ジョーンズの日記』（販売元：KADOKAWA）

いる。それは、『高慢と偏見』のパロディである『ブリジット・ジョーンズの日記』をなぞっていることも意味する。ここでは話を複雑にしないためにも、『アナ雪』と映画版『ブリジット』を比較しておこう（図版2）。出版社に勤めるブリジットは、実家のパーティーで弁護士のマーク・ダーシーに出会う。しかし、ダサいセーターと会話にブリジットは好印象を持たず、飲酒・喫煙・毒舌のブリジットに、マークも気分を害する。一方で、ハンサムな上司ダニエル・クリーバーとブリジットは意外な急接近。と思いきや、ダニエルはとんでもない浮気者で、同僚女性と二股をかけていたことが発覚する。その後の紆余曲折は省略するとして、物語の結末では、『高慢と偏見』と同じく、ブリジットとマークが最初の偏見を乗り越えて結ばれることになる。『アナ雪』におけるダニエル・クリーバーはアナをだますハンス王子であり、マーク・ダーシーは第一印象は最悪であるもののやがて真の愛の対象となるクリストフである。ハンス王子は、ダニエルがブリジットのミニスカートから彼女が「男日照り」であることを見抜いて遊んだのと同じように、アナがシンデレラ願望に身を焦がしていることを見抜いて、利用する。

ここで言いたいのは、『アナ雪』の脚本家が実際に『高慢と偏見』や『ブリジット・ジョーンズ』を参考にした、ということではない。ポストフェミニズム状況においては、シンデレラ物語はこのような形をとらざるを得ないということだ。アナはとりわけエルサとの対照関係において、ブリジット的ポストフェミニストの位置に入るのである。

そしてそのエルサである。先述の通り、エルサには強烈なフェミニスト的自由への衝動がある。その衝動は、「男」(への依存)を拒否する。そしてエルサは魔法の力というスキルをもって、女性同士の連帯も拒否して自分だけの王国を築こうとする。この人物像の中には、第二波フェミニストから、サンドバーグ的なポストフェミニストへと変遷する女性像がないまぜになって込められてはいまいか。それは、エルサが「戦闘美少女」的な側面をもっていることからも言える。戦闘美少女とは、精神科医で批評家の斎藤環の記念碑的な著作『戦闘美少女の精神分析』（二〇〇〇年）からとった言葉である。『戦闘美少女の精神分析』が、近年の日本のサブカルチャーにおける戦闘美少女の頻出を説明するに際して、精神分析を介した日本文化特殊性論におちいった（「ファリック・ガールは、虚構の日本的空間にリアリティをもたらす欲望の結節点である」（三二一頁））のに対し、本書が目指したいのはいわば「戦闘美少女の社会的分析」である。三浦が指摘するように、日本のアニメや漫画における戦闘美少女たちは新自由主義を生き抜くポストフェミニズム的人物像であり、その戦闘力は自由への衝動の化身であるとも言える。そのような衝動を、コントロール不能な魔力として、さらにはエルサが作り上げるスノー・ゴーレム（マシュマロウ）というおぞましい形で表象する時点で、この映画は反動的かもしれないのだが、それはともかく、アナ＝ブリジット的な負け組ポストフェミニストに対するエルサ＝サンドバーグ的な、グローバル・エリートとしてのポストフェミニストの対立と和解が、この映画の要諦をなしている。

この図式が正しいとすれば、問題は二人の和解である。ここではっきりさせておくが、勝ち組と負け組の対立図式は、イデオロギー的な幻想である。この対立は、一対でポストフェミニスト状況の全体を構成しているふりをするが、じつのところそれは排除をともなった二項対立であり全体なのである。重要なのは、何が排除されているかを見抜くことである。それを見抜くために、少々の回り道をしたい。

トップ・ガールズとブリジットたちの和解？

回り道とは、イギリスの劇作家キャリル・チャーチルの『トップ・ガールズ』である。チャーチルは『クラウド・ナイン』（一九七九年）でも知られるフェミニスト劇作家であるが、一九八二年初演の『トップ・ガールズ』は、『アナ雪』における、上記のポストフェミニズム状況を構成する対立を一九八二年という段階で――つまり、サッチャリズムと新自由主義の前夜に――みごとに予言している（注1）。

主人公マーリーンは、「トップ・ガールズ」という人材派遣会社――雇用が流動化する新自由主義を象徴する職種――で、男性の同僚を出し抜いて取締役に昇進したばかりである。劇は、マーリーンの昇進祝いの奇妙なパーティーから始まる。出席者は十九世紀スコットランドの女性探検家イザベラ・バード、十三世紀日本の天皇側室で『とはずがたり』の作者とされる二条、九世紀に男装をして法王の座についた法王ジヨーンなどなど、各時代のトップ・ガールズである。このトップ・ガールズの会話から浮き彫りになるのは、それぞれの時代の「ガラスの天井」を打ち破ろうとしたトップ・ガールズの、そしてほかならぬマーリーンの苦悩である――「ああ、私たちみんな、どうしてこんなに惨めなの?」(三七頁)。

マーリーンの苦悩の源は、現実世界を描く第一幕第二場以降であきらかになる。最終場ではマーリーンと姉ジョイスとの会話と口論から、マーリーンをめぐるさまざまな状況があきらかにされる。マーリーンが酔っ払いの父、認知症の母のいる田舎からみずからを切り離して出世をしたこと。掃除婦として生計を立てるジョイスの落ちこぼれの娘アンジーは、じつはマーリーンが十七歳で産んだ娘であり、ジョイスの娘として育てられてきたという事実。マーリーンはこのすべてから自分を解放してトップ・ガールになったのである。マーリーンは労働運動を嫌悪し、サッチャーを賞賛する。だが、姉のジョイスと娘のアンジーが象徴する田舎を否定し、必死でキャリアを築いていくマーリーンの選択(そこに選択肢があったとして)を否定することは誰にも

注1　キャリル・チャーチルの仕事をフェミニズムの系譜とともに概説し、『トップ・ガールズ』を論じたものとしてはエグリントンを参照。

できまい。それでも、そのプロセスにおいてマーリーンはコミュニティを――この場合、ジョイスとの連帯を――否定せざるを得ず、それが苦悩の源となっていることも事実である。マーリーンは自分の実子の子育てを、またはケア労働を姉に押しつけることで成功している、つまり第二波フェミニズムが否定するような、女性の再生産労働に依存することで社会で活躍する男性と同じであることに意識的だ。それがマーリーンの孤立と苦悩の源となっている。トップ・ガールズの、勝ち組ポストフェミニストの出口のない苦悩を、一九八二年という段階で描いてみせたことにこの作品の真価はある。

さて、姉妹関係は逆だが、マーリーンをエルサの、ジョイスをアナの原型として考えたい誘惑にかられる。『トップ・ガールズ』の姉妹が、二種類のポストフェミニスト像の原型であると。マーリーンはサンドバーグ、ジョイスはブリジット・ジョーンズだと。一面的にはその通りである。しかしここで、ジョイスとアナ／ブリジットとの決定的な差異に注目せねばならない。

ジョイスにはあり、アナ／ブリジットにはないもの。それは貧困と労働である。王女であるアナはもちろん、ブリジットには貧困はおろか、労働がない。いや、ブリジットは出版社やテレビ局で労働しているではないかと言われるだろうか。しかし重要なのは、ブリジットにとってそれは生活のための苦役ではないし、出版社をやめたブリジットがあっさりとテレビ局に再就職できていることは、ガラスの天井をめぐる苦悩などどこ吹く風といったポストフェミニズムの風景そのものなのである。ここから敷衍すれば、ポストフェミニズムの二項対立から排除されるものとは、苦役としての労働であり、貧困であるということが言えそうだ。ここで、ポストフェミニズムのもうひとつの重要な側面、すなわち労働の問題に分け入っていかなければなるまい。

シェリル・サンドバーグは存在しない——グローバル資本主義とその本源的蓄積

ポストフェミニズム状況については、「労働の女性化」ということが言われる。それは二つのことを意味しうる。ひとつは、労働そのものが女性的になったこと。言いかえれば、女性的（とされる）労働が典型的な労働となったことである。これは、グローバリゼーション下の先進国で支配的になったとされるポストフォーディズム労働・非物質的労働の一側面である。アントニオ・ネグリとマイケル・ハートは、それを情動労働という用語で説明している（ほかに、より一般的な用語として感情労働があり、本書のほかの章ではその言葉も使うが、本章では情動労働に統一する）。『〈帝国〉』の続編『マルチチュード』によると、情動労働とは「安心感や幸福感、満足、興奮、情熱といった情動を生み出したり操作したりする労働」のことであり、具体的には「弁護士補助員やフライトアテンダント、ファーストフード店の店員（笑顔でのサービス）といった仕事」である（上巻一八五頁）。さらには、フォーディズム下では従属的なものであった家庭内労働も情動労働の実例であり、それは「多様な社会的関係や生の形態を直接的に生み出すという点で、生政治的生産にほかならない」（上巻一八八頁）。情動労働はコミュニケーションにもとづいてコミュニティを生み出す労働である。ブリジットがメディア産業という非物質的情動労働に従事していることは、偶然ではない。

情動労働のビジョンは、労働の消滅のイデオロギーを背景としている。つまり、脱工業化した先進国においては、肉体労働は周辺的になっているというビジョンである。このビジョンの裏側に、労働の女性化のもうひとつの側面がある。

その点を説明するにあたって、サンドバーグを勝ち組であると言った時に必ず出てくるだろう反論を検討しておきたい。つまり、日本では企業そのほかの管理職やリーダーにおける女性の割合はいまだに低く、そのような状況でサンドバーグ的な人物を批判するのは反動的であるという批判だ。その通りである。そのような意味でのガラスの天井は厳然と存在するし、打ち破られなければならない。しかし、それとサンドバーグを賞賛することは別問題である。なぜ別問題なのかを考えるにあたって、労働の女性化のもうひとつの意味が重要になる。それは、女性の労働がグローバル資本の本源的蓄積の重要な資源となっているということである。均等法の後に何が起きたかを考えれば今述べたことがより具体的になるだろう。つまり、日本において均等法の後に女性の就業率は確かに上がったが、その就業率上昇の大部分は流動的な有期雇用によったのである（Castells pp. 292-93）。そこでは、男女の賃金格差が重要になってくる（注2）。グローバル資本主義は、男女の賃金格差を資本蓄積のための重要な資源としているのだ。デヴィッド・ハーヴェイは『〈資本論〉入門』の中で、本源的蓄積とは資本主義以前に起こった蓄積のことだけではなく、今現在グローバル・サウスで、そしてそれだけではなく先進国の中心で行われている「略奪による蓄積」であると論じている。

注2　厚生労働省発表の賃金構造基本統計調査によると、二〇一六年の、男女間賃金格差（男性１００）は73・０であり、厚生労働省のプレス・リリースはこれを過去最少の格差だと強調しているが、国際的に比較した場合には格差はいまだに大きい。http://www.mhlw.go.jp/toukei/itiran/roudou/chingin/kouzou/z2016/dl/12.pdf

「略奪による蓄積」は、グローバル・システムの全体を通じて拡大し深化したのと同時に、資本主義の中核地域においてもますます内部化されていった。われわれは、本源的蓄積（…）ないし「略奪による蓄積」（…）を単に資本主義の前史に関わるものとみなすべきではない。それはずっと継続しており、昨今においてはますます重要な要素として復活している。（…）それはあらゆるものを——土地や生計手段にアクセスする権利を奪うことから、労働運動による激しい階級闘争を通じて過去に苦労して獲得されたさまざまな諸権利（たとえば年金、教育、医療）を切り縮めることに至るまで——含みうる。（四五八頁）

「あらゆるもの」にはもちろん、このハーヴェイの概念を援用してロビン・T・グッドマンが述べる通り、男女の賃金格差を付け加えるべきだろう（Goodman p. 5）。流動的で安価な女性労働力を積極的に活用することが——略奪することが——、現在の資本主義の生命線のひとつとなっている。女性の労働は、グローバル経済の本源的蓄積のための「内なる植民地」なのである。これが労働の女性化のもうひとつの意味だ。ちなみに、これについては後の章で述べるが、ドイツの社会学者マリア・ミースはこれを主婦化と名づけている。主婦化とは単に文字通りに女性が主婦になるということだけではない。主婦の労働が、資本主義的な蓄積のために搾取される不払い労働であるとするなら、女性へとジェンダー化された労働全般が主婦の労働のように搾取の対象となっているということだ。

だとすると、サンドバーグとは何者であろうか。それは、賃金格差のもとで搾取を受ける女性労働者を隠すための遮蔽幕である。もしくはこういうことだ。あなたが現在、労働の内容に見合わぬ低賃金で働く女性であるとして、それはあなたがグローバル人材であることを証明できていないからである。サンドバーグに成れていないからである。この論理はグローバルな「ブラック企業」の論理に似ている。いまあなたが名ばかり管理職について過労死直前まで働くことを強いられているとして、それはあなたがまだグローバルな人材として開花していないからである。いつかあなたはグローバル人材として覚醒するかもしれない。または、しないかもしれない。それはわからないが、ともかくも当面は一日二十四時間週七日間働きなさい。

そのような観点からサンドバーグを批判しているのが、ドーン・フォスターの『リーン・アウト』である。(ちなみに、サンドバーグの『リーン・イン』は、女性であるがゆえの自信のなさや尻込みを捨てて、キャリアの世界に身を乗り出していこう、という意味であるが、『リーン・アウト』はそこから撤退しようという意味である)フォスターは、サンドバーグが代表するような現代のフェミニズムを「企業《コーポレート》フェミニズム」と喝破する。それは、「国家の支給する有給育児休暇、より強力な福祉セーフティ・ネットといった女性の集団的権利を求めたり、さらには女性が労働組合に加入することを推奨したり」はしない（Foster p. 11）。つまり、企業フェミニズムは女性の解放を集団的な政治行動によってではなく、個人の努力によって達成することを目指す。したがって、「企業フェミニズムの世界においては、核家族という単位の外側に、またさらには休暇のあいだにも、市民生活、政治的生活、感情的生活の余地はない」（前掲書p. 16）。

また、フォスターが批判するところによれば、企業フェミニズムを正当化する論理は、「トリクルダウン・フェミニズム」である。ごく少数の女性の富が正当化されるのは、その富と地位が彼女以外（以下）の女性たちへと「したたりおちる《トリクルダウン》」と想定されるからだ。しかし、現実に、富がしたたりおちることはない。不況の影響をもっとも強く受けるのは女性であるし、「国会議員やCEOになる女性がひとにぎりほど増えたところで、その三倍の女性が二十年前と比べて低賃金の職業から逃れられなくなっている」（前掲書p.20）。かくして新たな問題として再出現するのは、女性間の階級格差である。それを肯定する企業フェミニズムの物語は、「資本主義にとって都合の良い」物語なのだ（前掲書 p.21）。

フォスターの批判が正しいなら、サンドバーグは結構なのであるが――つまり、ガラスの天井はぜひとも打ち破られるべきなのであるが――それは同一労働同一賃金《ペイ・エクイティ》と同時に実現されねばならない、ということになるだろう。さらにそれは、上記のような意味での労働の女性化、つまり労働力の流動化やダンピング（そしてそれが引きおこす女性内部での分断）への抵抗とともに実現されなければならない。新自由主義的な競争の前提は保存したままに、ごく一部の女性が蜃気楼のごときグローバル・エリートとして、略奪による蓄積の事実を隠蔽している。わたしたちは「サンドバーグなんて存在しない」ことに気づかなければなるまい。そして同時に、サンドバーグと対をなすブリジットは本当の負け組ではないことにも気づかなければならない。

アナとエルサ、ブリジットとサンドバーグという二項対立によって排除されているのは、女性の労働と貧困である。最後に、労働という観点から『アナ雪』と、そこにいたるディズニー映画の系譜を検討しよう。

労働なき世界と「愛」の共同体

じつのところ、『アナ雪』では労働が表象されている。冒頭からあからさまに。映画はクリストフの子供時代、屈強な採氷夫たちが労働する場面から始まる。長じたクリストフはやはり筋骨隆々の労働者として表象される。それに対して印象的なのはアナの無能力だ。

ディズニー映画の系譜を考えると、この人物像は近年の流れから外れている。その流れとは、ディズニーの最初の長編映画『白雪姫』(一九三七年)から、『ムーラン』(一九九八年)、『プリンセスと魔法のキス』(二〇〇九年)へといたる労働の表象の系譜である。まず、『白雪姫』では、七人の小人たちにかくまわれた白雪姫が、家事労働を行う。白雪姫と小人たちが、擬似的な核家族を構成していると言えよう。ここで、一九三五年にはフランクリン・ルーズベルト大統領のもと、ニューディール政策の一環として社会保障法が成立しており、福祉国家体制が萌芽していたことを指摘しておこう。小人たちが家の外で働く夫/父の像であるならば、白雪姫は専業主婦であり、家庭内の無償労働を、つまり再生産労働をする。

これに対して近年のディズニー映画は、異質な女性の労働を表象する。まず『ムーラン』では男社会(軍隊)で「男勝り」の活躍をするヒロイン=ヒーローが描かれる。巧妙なのは、ムーランを抑圧する封建的・家父長制的秩序が西洋ではなく中国のそれであるということだ(その点ではこの映画は単なるオリエンタリズムである)。つまり

『ムーラン』は表だって西洋（『白雪姫』）の福祉国家を否定するわけではないが、含意としては（第二波フェミニズム的に）再生産労働を批判している。さらには『プリンセスと魔法のキス』は、「労働の女性化」をみごとにとらえた作品である。主人公ティアナは、アフリカ系アメリカ人の少女で、天才的な料理の腕前の持ち主である。彼女は亡き父の夢を受け継いで自分のレストランを持つことを夢見て、資金を稼ぐためにウェイトレスとして働いている。ここに女性の労働が表象されているではないか、と言われるだろう。しかし『プリンセス』におけるティアナの労働は、ポストフェミニズムの文化から排除された労働ではない。むしろそれは、白雪姫の再生産労働（家事労働）を賃労働化したものと見るべきだろう（これについては第三章を参照）。つまり、この作品で展開されているのは、女性的な情動労働によるサクセス・ストーリーなのである。または、現実にはやりがい搾取で終わるはずの労働が、ちゃんと報いられてしまった物語だ。この作品の王子様が最初から文無しで無能力であること（その無能力と、それに対するティアナの有能さは、彼女がナヴィーン王子に料理を教える場面で確認される）、そして結局はティアナ自身がみずからの資本によってレストランを買い取ることによって、この物語は搾取の物語ではなく、情動労働による成功の物語となっている。そこから振り返ってみると、『ムーラン』の労働もじつはおなじような性質を持っていることに気づかされる。ムーランは男装をして軍隊に入り、フン族を撃退して皇帝を救うという大手柄をたてるが、そのすべてはムーランの雪崩を起こしたり花火を利用したりといった機転によるのだ。ムーランの機転は、男性的武力ではないどころか、男性たちの盲点をつくものであるという意味で、これも女性的情動労働であるといえる。

『白雪姫』の家事労働・再生産労働は、女性的情動労働として市場化される。しかしそれは搾取の対象としての労働ではなく、理想的なサクセス・ストーリーへと回収される。このような系譜を確認したとき、『アナ雪』における労働はどのように読めるのだろうか。

まず確認できることは、『アナ雪』のユートピア的な衝動は、そのまま「労働の消滅した世界」への衝動であるということだ。エルサの魔法の力は、アレンデール王国を永久の冬の中にとじこめてしまうのだから、氷の採取という肉体労働は文字通りに不要になってしまう。さらには、クリストフの物語上の位置を考えると、この労働の消滅は、福祉国家を支えた生産労働の消滅と等しい。『アナ雪』には『白雪姫』の小人たちと等価なキャラクターがいる。物語論では助力者と呼ばれるキャラクターであるが、それは見た目の上からも小人たちに近いトロールたちだけではない。この物語のもっとも重要な「助力者」は、クリストフなのである（であるから、アナとクリストフが結ばれることはやはり不要な付け足しなのである。助力者と主人公が結ばれることは、通常はない）。さて、述べたように、小人たちが福祉国家下における男性的労働を行い、福祉国家的核家族を象徴するなら、それと同じ物語的機能をはたすクリストフの労働の否定とは、福祉国家下の労働と再生産の（性差別的な）体制の否定でもあるだろう。この意味でもやはりエルサは、男への依存を否定するフェミニズム的衝動と、労働の消滅を夢見るグローバル資本主義との混合体であることが分かる。それまでの作品であれば、この消滅した労働のあとがまに、ムーランの機転やティアナの料理といった情動労働が据えられるはずである。しかし、——ここにこそこの作品の真の革命性を読み込むべきであろうが——そのような情動労働が中心に据えられることは、表面上では、ない。ネグリ＝ハートが情動労働を「多様な社会的関係や生の形態」を生み出す生政治的生産と呼んだことを思いだそう。グローバル資本主義はそのような情動労働を、搾取のための資源として必要とする。ところが『アナ雪』においては、情動労働が、生政治的生産が、異性愛とともに、そしてそれを基礎とする福祉国家体制とともに、まるごと拒否されている。しかし、わたしが言いかえたように、生政治的生産とは、コミュニティの生産でもある。『アナ雪』はあらゆるコミュニティとコミュニケーションを拒否するのか? これが、『アナ雪』を評価する際に答えられるべき最終的な疑問であろう。
とりあえずの答えは、この作品はあらゆるコミュニティを拒否するわけではなく、「愛」による連帯の、共同体のユートピア的ビジョンを示す、というものだ。王国を維持するための情動労働(魔力を制御して女王となること)を拒否するエルサは、氷の城の中に閉じこもって個人化する。しかし最終的には真実の愛に気づいて、共同体の中へ帰っていく。この「愛」は、異性愛でないのはもちろん、〈帝国〉的な生政治の基盤となる愛であってはならない。ではいったいどのような愛か。ここで、『アナ雪』は、ネグリ゠ハートの『マルチチュード』のつぎのような結論をなぞっている。

今日の人びとにとって、愛を政治的概念として理解することなど思いも及ばないだろう。だが、まさに愛の概念こそ、私たちがマルチチュードの構成的権力を理解するために必要なのである。近代の愛の概念はほとんどといっていいほどブルジョアのカップルや、核家族という息の詰まるような閉鎖空間に限定されている。愛はあくまでも私的な事柄になってしまった。私たちは近代以前の伝統に共通して見られる公共的で政治的な愛の概念を回復しなければならない。(下巻 二五四頁)

情動労働の基礎となる異性愛的な「近代の愛の概念」を、『アナ雪』は拒否する。そして、ブルジョア的でも核家族的でも私的でもない、「公共的で政治的な愛の概念」を、結末のユートピア的な場面は指向しているように見える。ネグリ＝ハートが生政治（情動労働）とコミュニティの生産（再生産労働）との区別をするために、最終的には愛に訴えるしかなかったのと同様に、エルサは真実の愛の共同体に賭けることになる。

だとすれば、その共同体を生産する労働はどこへ行ったのか？　じつのところ、最後のスケートリンクの場面に、その労働は確かに表象されている。エルサが魔法で生み出し、みなが遊ぶあのスケートリンクは、何かを想起させないだろうか。そう、ディズニーランドそのものである。あの場面に表象されるのは究極の情動労働、つまりグローバル企業たるディズニーリゾートの「キャスト」（従業員のこと！）の労働である。それは「ゲスト」に対して無限の歓待を提供する、究極の愛の労働だ（よく知られており賞賛されているように、その労働のほとんどは流動的なアルバイトと派遣労働者によって担われている）（注3）。ここにいたって、ネグリ＝ハートの提示する愛の共同体はディズニーリゾートと区別がつかなくなる。そしてその共同体は、マルチチュードの共同体であるのと同程度に、フェイスブックの共同体なのかもしれない。サンドバーグのフェイスブックは、エルサの魔法である。その魔法の秘密とは、作品の冒頭でウェーゼルトン公爵が暴くと言っていた、アレンデール王国の富の秘密なのであり、それはすなわちディズニーランドの富の秘密なのだ。フェイスブックの魔法は、無料で参加するマルチチュード＝キャストたちの無償労働・アイデンティティ労働から魔法のように富を生み出す。そこからは苦役としての肉体労働や再生産労働は排除される。アナとエルサの愛は、二人のポストフェミニストのあいだの連帯は、その排除の上に成り立っている。その地点にこそ、ポストフェミニズム状況の真の願望と苦境が存在すること。『アナ雪』は、それをみごとに表象しているのだ。

注3　二〇一四年に、ディズニーリゾートで働く派遣従業員八人が「オリエンタルランド・ユニオン」を結成し、ディズニーランドの運営会社オリエンタルランドの就業実態は偽装請負であると東京労働局に申告、労働条件の改善を訴えてオリエンタルランドとの団体交渉を求めた。松井克明「ディズニーリゾート、突然の解雇めぐり従業員が会社を告発、偽装請負と劣悪環境の疑い」『Business Journal』（二〇一四年五月二十二日） http://biz-journal.jp/2014/05/post_4918.html

〔補論〕日本のポストフェミニズムと『アナと雪の女王2』

本書の眼目は、ジェンダーと資本主義を同時に考えることによってこそ、フェミニズムが目指す公正な社会が真の意味で実現されうる、ということだった。決して、フェミニズムが階級問題と女性内部の格差・分断を看過している、それゆえに瑕疵のある思想と運動である、ということではない。もしそう読まれるとすればそれは誤読か、もしくは私の書き方が悪いかのどちらかだろう。

という但し書きをしておいた上で述べると、ジェンダーと資本主義を同時に考えるなら、ではその資本主義は現在、過去の資本主義と同じものなのかということを考えなくてはならない。本章は、新自由主義を現代的な資本主義の新たな段階とみなしつつ、その中でジェンダーについて考えるには相応に新たな切り口が必要であるということ、またひるがえって、その新たな資本主義の中ではジェンダーが重要なファクターになっているということについてのマニフェストであった。

本書を読んで触発された社会学者たちが、『私たちの「戦う姫、働く少女」』(堀之内出版、二〇一九年)という本を編んでくれた。得がたいことで、本当に感謝している。その中で、ポストフェミニズムをめぐる英米での議論、そして『アナと雪の女王』をはじめとする作品から私が析出した状況について、川口遼が日本に引きつけて論じている。日本的ポストフェミニズム状況とは何か。川口は、落合恵美子の議論を援用しつつ、日本の一九八〇年代、とりわけ一九八五年を日本のポストフェミニズムの瞬間として論じている。八五年には三つの法律と制度が成立した。つまり、男女雇用機会均等法、第3号被保険者制度、そして労働者派遣法である。男女雇用機会均等法は雇用における男女の差別を禁じた。これは、本章で論じたように、確かに女性の社会進出を決定づけたものではある。だが、第3号被保険者制度は一見それとは矛盾する。国民年金における「第3号」という地位は、主たる給与所得者に扶養される人、つまり日本の状況に鑑みれば実質的には主婦であり、それを優遇する制度であった。そして、同じ年に労働者派遣法が成立したことは、本章での議論を補う事実だ。落合はこれをもって、「キャリアウーマン」「主婦」「非正規労働者」へと女性が分断されたと論じている。これらの法と制度は、お互いに矛盾しているのではなく、分断統治のための組み合わせだったと見るべきだろう。『アナ雪』のようなポストフェミニズム的テクストは、この三つ組みの中ではキャリアウーマンと主婦を浮き彫りにしつつ、最後の非正規労働者女性を「なかったこと」にしてしまうような効果を持つ。そのようなテクストは、日本的ポストフェミニズム状況にもやはり実効性をもって作用してきたと言えるだろう(ちなみにこの第3号については、本補論を書いている現在、廃止論が興っている。これは日本の年金制度の破綻の問題でもあるが、ポストフェミニズム的な状況のさらなる転換も物語っているだろう。右記の分断のうち残されるのは、「キャリアウーマン」と「非正規労働者」ということになるのだから。『アナ雪』の専業主婦批判の完成とでも言うべきか)。

さて、第一章の中心となる作品は『アナ雪』であった。本書が出版された後、二〇一九年には続編の『アナと雪の女王2』が公開されたので、それについて触れておく必要があるだろう。この作品では、三人の主要キャラクターのそれぞれの興味深い行く末が描かれた。三人とは、エルサとアナ、そしてクリストフである。クリストフについては本書では深く論じられなかったが、ポストフェミニズム状況において「従属化」した男性性という観点で興味深い存在だった。『アナ雪2』ではその従属性がさらに増したといえる。だが、彼の従属性は単なる従属性ではなく、「助力者男性」という典型的な男性像であり、それはじつのところポストフェミニズム時代における男性の自己保存戦略であった。この論点については、本書の議論の帰結としての男性性論『新しい声を聞くぼくたち』で論じた。

エルサとアナの行方もそれぞれに興味深いものだった。『アナ雪2』の主要なテーマはエルサのルーツとアイデンティティ探しの旅となったのだが、最終的にエルサが見いだすのは、ノーサルドラの民との「混血」というアイデンティティであった。アレンデール王国の秩序はこのノーサルドラという「原住民」の抑圧の上に成り立っていたことがあきらかにされる。つまり、エルサは多文化主義的かつ、国家による他民族の殲滅という原罪を解消するようなアイデンティティの持ち主だったわけである。これは、『アナ雪』のエルサが持っていた白人フェミニズム性に対する「修正」だろう。本書で論じたようなポストフェミニズム性から、エルサの主体を多文化主義的な主体へとシフトさせることで、より包摂的なフェミニズムを提示しようとしたと言える。だが、『ホワイト・フェミニズムを解体する』のカイラ・シュラーに言わせれば、そのような包摂の身振りこそがホワイト（白人）・フェミニズムの特徴なのである。それは白人ミドルクラス女性の中心性は保持したままで、周辺を「包摂」する身振りなのだから。とりわけ、ダイバーシティやインクルージョンが新自由主義体制の中で商業利用されていくポストフェミニズム状況では、『アナ雪2』のような身振りはホワイト・フェミニズムの外側に出るものとは言えない。多文化主義とポストフェミニズムの関係については次の第二章を参照していただきたい。

一方、アナは結末においてエコ・テロリストのような存在になる。彼女は、アレンデールが水に飲まれてしまうことも顧みずに、ノーサルドラの民を森に閉じこめる魔法を解くためにダムを破壊する。私はこれに、『風の谷のナウシカ』の漫画版の結末で「墓所」を破壊するナウシカを重ねて見た。このナウシカの解釈については本書第五章で論じた通りである。それが正しいとするなら、『アナ雪2』のアナもまた、計画や人為を破壊し、そこに「第二の自然」を出現させんとする新自由主義的な感性の発露だと言える。

第二章　無縁な者たちの共同体
——『おおかみこどもの雨と雪』と貧困の隠蔽

承認と再分配のジレンマ

　本章では本論に入る前に、少々複雑だが重要な論点を確認しておく。それは、文化と労働の分離の問題である。本書は、ポピュラー・カルチャーと総称されるような文化を対象に、そこに見られる労働の問題を、ポストフェミニズム状況という観点から論じる。ふつうに考えれば、その場合の文化とは、経済的なものや社会的なものからは、そして労働からは区別されるような何かである。難しい言葉を使えば、文化は下部構造とは区別される上部構造に属すると、通常は考えられる。

　しかし、そのような分離こそ、本書、そしてとりわけ本章が考察したい問題だ。一般的な結論から述べておくと、文化と労働の分離は、まさにわたしたちの現在——新自由主義とグローバリゼーションの現在——の本質的な特徴なのである。文化と労働のそれぞれの意味が限定され、分離することこそが、わたしたちの生きる現在性の中心問題なのだ。

この点を、ジェンダーとフェミニズムの政治という観点から問題にしてきたのが、政治哲学者のナンシー・フレイザーである。フレイザーは一九九七年刊の『中断された正義――「ポスト社会主義的」条件をめぐる批判的省察』において、「承認と再分配のジレンマ」が現代のフェミニズム政治の重要問題となっていることを指摘し、論争を巻き起こした。フレイザーは現在（いまとなってはすでに当時だが、おおまかな状況に変化はないものと思われる）を「ポスト社会主義状況」と定義して、つぎのように述べている。

近年において、グループ間の差異を承認（recognition）せよという主張が非常に目立ったものとなり、時にそれは社会的な平等を求める主張を陰らせるほどである。この現象は二つの水準において観察できる。もちろん経験的には、わたしたちはつい最近まで、「アイデンティティ・ポリティックス」の隆盛、階級の重要性の縮減、そしてそれらと対応する形での社会民主主義の没落を目にしてきた。しかしながら、より深い水準においては、政治的な想像領域における、とくに公正（justice）

が想像される際の観点における、明確な変化をわたしたちは目撃しているのだ。多くの行為者たちが、再分配（redistribution）を公正の中心問題とする社会主義的な政治の想像領域から、承認（recognition）を公正の中心問題とする「ポスト社会主義的」な政治の想像領域へと軸足を移しているようなのだ。（Fraser, *Justice Interruptus* p. 2）

ポスト社会主義、つまり一九八九年もしくは一九九一年以降のポスト冷戦期においては、かつてはフェミニズムの政治目標の重要な一部であった再分配の問題は、アイデンティティ・ポリティクス的な承認の問題から切り離され、最悪の場合は問われることがなくなった。これは言いかえれば、社会的なものと文化的なものの分離、社会的政治《ソーシャル・ポリティクス》と文化的政治《カルチュラル・ポリティクス》の分離の問題である。つまりまさに先ほど述べた、「労働と文化」の分離の問題である。

平たく言ってしまえば、階級問題が、労働や貧困の問題がフェミニズムの政治から切り離されてしまったことをフレイザーは問題とした。「承認か再分配か」という大胆な問題設定は、大胆ではあれ九〇年代以降の問題の核心を突くものであったのであり、さまざまな論争を巻き起こした（注1）。ここではその論争に深入りすることはできないが、当面ここでは、さきほどのポスト社会主義という一種の歴史区分を、フレイザーは別の論文では、わたしが前章においてポストフェミニズム状況と名づけたものとほぼ重ね合わせていることを確認したい。その別の論文とは、『フェミニズムの運命――国家管理型資本主義から新自由主義の危機へ』に収められた、「フェミニズム、資本主義、歴史の狡知」という論文である。この論文でフレイザーは、第二波フェミニズムが福祉国家体制（福祉資本主義とその基礎となる核家族、家族給体制）の批判としていかに生じ、そしてその同じ「批判」が、新自由主義による福祉国家体制の批判といかにして合流してしまったかを論じている。以下、少々長くなるが引用しておく。

　不穏に聞こえるかもしれないが、わたしが示唆しているのは、第二波フェミニズムはそれと知らずに新自由主義の新たな精神の重要な構成要素を提供したということである。わたしたちの家族給批判はいまや、柔軟な資本主義に、より高尚な意味と道徳的な美点を備給する物語の大きな部分となってくれる。フェミニズムの物語《フェミニスト・ロマンス》は、女たちの日々の苦闘に倫理的な意味を与えて、社会的な階層の両極端にいる女性たちを惹きつける。ひとつの極端には専門職中産階級の女性の一団がおり、彼女たちは決然とガラスの天井を打ち破ろうとしている。もう一方の極端には女性の臨時雇い労働者、パートタイム労働者、低賃金のサーヴィス業労働者、家事手伝い、セックス・ワーカー、EPZ労働者〔EPZとは「輸出加工区」の意で、多国籍企業が発展途上国に作った輸出用の製品製造地区のこと〕、マイクロ・クレジットの借り手がおり、収入と物質的な安寧だけでなく、尊厳、自己改善、そして伝統的な権威からの解放を追求している。この両極端において女性の解放の夢は資本主義的な蓄積のための原動力として利用されている。かくして、第二波フェミニズムにおける家族給の批判は、転倒した余生を過ごしたのである。（Fraser, "Feminism, Capitalism, and the Cunning of History," pp. 220-221）

注1　たとえば、*New Left Review* 誌上での、ジュディス・バトラーの反論およびフレイザーの応答を参照。Judith Butler, "Merely Cultural." *New Left Review*. I-227 (1998): 33-44. Nancy Fraser, "Heterosexism, Misrecognition and Capitalism: A Response to Judith Butler." *New Left Review*. I-228 (1998): 140-149.（なお、この二本の論文は『批評空間』Ⅱ―23に訳出されている）また、フレイザーとアクセル・ホネットとのあいだのこの主題をめぐる論争については『再配分か承認か？――政治・哲学論争』（加藤泰史監訳、法政大学出版局、二〇一二年）を参照。

「新自由主義の新たな精神」は、リュック・ボルタンスキーとエヴ・シャペロの『資本主義の新たな精神』のもじりである。ボルタンスキーとシャペロは、資本主義がフレイザーの言うところの国家管理型資本主義（つまり福祉資本主義）から、柔軟なネットワーク型の権力に基づく資本主義へと変化したこと、そしてさらには、その変化はほかならぬ資本主義への批判（一九六八年という年号に代表される、新左翼的な批判）によってもたらされたことを論じた。つまり、前章の冒頭で指摘した、革命の反転である（注2）。

フレイザーによれば、この批判の重要な一部が第二波フェミニズムによる家族給批判、すなわち福祉国家体制の批判であった。第二波フェミニズムは、国家管理型資本主義すなわち福祉資本主義を批判した。それ自体は、承認と再分配双方の側面における、第二波フェミニズムの真正な解放への衝動にもとづく批判であった。しかしその衝動と批判は部分化され、収奪されてしまう。フェミニズムの解放の物語が資本主義の新たな精神を正当化する物語を提供してしまった、第二波フェミニズムの「余生」である。興味深いのは、このフェミニズムの物語が両極端にいる女性たち、つまり専門職中産階級の女性たちと、非正規・低賃金労働者の女性たちの両方を惹きつけたというフレイザーの指摘だ。この両極端はまさに、前章の『アナ雪』論で指摘した、勝ち組ポストフェミニストと負け組ポストフェミニストの対立的形象に一致している。つまり、サンドバーグのような人物に象徴されるかもしれない、ガラスの天井を打ち破るグローバル・エリート（とまではいかなくとも専門職の中産階級）女性と、もう一方で低賃金労働に従事しながらもそこにやりがいを、みずからの解放の可能性を見いだすことで、搾取の事実を忘却・隠蔽する女性たちである。さらに重要なのは、これら勝ち組も負け組も、資本主義的な蓄積のための原動力となっているというフレイザーの指摘であろう。

そのようなわけで、『アナ雪』はここでフレイザーの言う「フェミニズムの物語」の典型のような作品だったのだ。『アナ雪』は確かに第二波フェミニズム的な、解放への衝動にあふれた作品である。わたしは――フレイザーもそうなのだと思うが――その衝動のすべてが、ことごとく新自由主義的な資本主義に収奪されたと言いたいわけではない。または、そういった衝動が本質的に新自由主義的なものだったと言いたいわけではない。そうではなく見るべきなのは、承認も再分配も、文化的政治も社会

注2　新左翼の革命と新自由主義革命との関係については、例えばパオロ・ヴィルノ「君は反革命をおぼえているか?」酒井隆史訳『現代思想』二五巻五号（一九九七年五月）：二五三～六九頁を参照。

的政治も包含するものであったはずの第二波フェミニズムがいかにして部分化され、「資本主義の新たな精神」とされていったか、というプロセスであり、そこにこめられた願望なのである。

その承認と再分配の問題に戻ろう。フレイザーの言うフェミニズムの物語、勝ち組と負け組の両者を惹きつける物語において、承認と再分配はどのような関係に置かれているだろうか。この関係は単一のものではありえないだろう。ひとつには、（これはこの後本章で追究したい関係だが）文化的承認が再分配における不公正を隠蔽する、という関係がありうるだろう。その一方で、承認と再分配が現実において脱構築されている、という見方も可能である。つまり、部分化されたフェミニズムの物語においては、自己実現（承認）はすべて職を持つこと（再分配）に吸収されているとも見うるのだ。これは、二〇〇〇年代以降の新自由主義の重要な側面である「ワークフェア」（勤労福祉）の問題だ。つまり、賃金労働と承認が強く結びつき、それ以外の承認のかたちも、逆に賃金労働以外の価値ある労働も認めにくくなった状況である。ということは、「承認と再分配のジレンマ」の核心には、労働とは何かという問題があることになる。何が賃金労働で何がそれ以外の労働か、前章で論じたような、情動労働（感情労働）、生政治的生産、そしてより広いコミュニティ生産の労働はどう位置づけられるのか――こういった問題である。

『おおかみこどもの雨と雪』と貧困の再生産

さて、前置きが長くなった。本章はフレイザーの言う承認と再分配との関係の、ひとつの典型的な形を考察したい。それは先に述べた通り、「文化的承認が再分配の不公正を隠蔽する」というパターンである。言いかえれば、階級的な差異と敵対性が文化的なそれへと置きかえられ、前者が隠蔽されるパターンだ。さらに具体的には、後者の文化的差異とは多くの場合、人種的・民族的差異であり、しかもそれは多文化主義のビジョンのもとで理想的に解消される差異と敵対性なのである。

図版1　『おおかみこどもの雨と雪』（販売元：バップ）

このパターンの物語は、興味深いことに一種の成長物語の中に典型的に現れる。この成長物語という要素については後で考えるとして、まずは二〇一二年公開、細田守監督のアニメ映画『おおかみこどもの雨と雪』を論じてみたい（図版1）。

『おおかみこども』のあらすじはおよそ以

下のようなものである。

主人公は都内の某国立大学に通う学生の「花」。彼女は、日頃は肉体労働をしているが講義に潜って勉強をする男（「彼」）と出会い、恋に落ちる。しかしある日、男はある告白をする。彼はおおかみおとこだったのであるが、その事実を隠して人間として暮らしていたのである。花はその事実を受け容れ、交際をつづける。やがて二人のあいだには姉の「雪」と弟の「雨」という子供が生まれる。

ある雨の日、男は子供のために（または妻のために？）鳥を捕まえようとし、用水路に落ちて死んでしまう。シングルマザーとなった花は大学をやめて二人の子育てを必死でつづけるが、おおかみこどもである子供たちゆえに世間に出すわけにもいかず、やがて都会に居づらくなり、田舎に引っ越すことになる。

田舎の生活に苦労しつつも、やがて子供たちは人間として学校に通うようになる。雪は転校生の草平に「獣臭い」と言われ、彼を避けるが、なぜ避けるのかと問い詰める草平に思わず爪を出し、怪我をさせてしまう。一方で雨は人間としてのアイデンティティになじめず、山に入っては彼が先生と呼ぶキツネとの交流を深める。

ある暴風雨の日、学校に取り残された雪は草平に対して自分がおおかみであることを告白する。一方雨は、寿命の近い先生の代わりに山の主となる決意を固め、花のもとから離れて狼として山へ去っていく。

この作品のテーマは、またはこの作品の感動的な部分はどこであろうか。おそらく、雪と雨というそれぞれの子供たちの自立であろう。しかし、あらゆる物語は、葛藤《コンフリクト》とその解消という形を取る。『おおかみこども』の場合、子供たちの成長と自立をさまたげる葛藤は、解消されるべき葛藤は、二人がおおかみこどもであるというまさにその事実だ。

ではその非現実的な葛藤の原因を取り除いてみたらどうなるであろうか。つまり、おおかみこどもというモチーフを取り去った時に、この物語はどのような姿をとるだろうか。物語の前半は、おおよそつぎのような物語になるだろう。すなわち、花と男は、学生結婚（男は学生ではなくブルーカラー労働者だが）をしたものの、子供を養うために無理をした男は過労死してしまう。シングルマザーとなった花はエリートコースから脱落し、血縁や社会にも福祉・セーフティネットにも助けられることがなく、田舎という想像的な場に救いを求める、という物語である。

『おおかみこども』の基盤には、貧困の再生産という問題が隠されている。後に詳しく検討するが、雪は母に捨てられた同級生の草平と結びつくことで、そして雨は狼としての生を選ぶこと、いやいやいや、おおかみのモチーフをやはりはぎ取るなら、十歳という年齢で自立する＝労働過程に参入することで、現実的には母と父のとった道を反復しているように見える。花は、父子家庭に育つが、その父も早くに失い、親戚とのつながりを断たれていることが作品の前半で示唆されている。そのような花が、これまた無縁社会に放り出された存在である男と結びつく。これを雪は反復しているように見える。そしてもちろん、早期に教育を終えて労働を開始するというのは、受けることのできなかった大学教育を（潜りで）受けようとしつつ、肉体労働に従事してあげくの果てに過労死する父＝男の反復である。

客観的には雨と雪は両親の貧困を反復しようとしているように見える。しかし作品は、そのようなリアリズム的な問題提示をして終わるわけではなく、感動的に終わる。なぜ、感動的に終わることができているのか。花が山へと向かう雨に対して最後にかける、「しっかり生きていきなさい」という言葉が、残酷には聞こえないで、あれほど感動的なのはなぜか？　実際、十歳の子供にかけるにはあまりに残酷な言葉なのに？　ここには、「文化と貧困」をめぐるわたしたちのおかれた状況の本質が隠されている。それを解き明かすために、いくつかの回り道が必要である。

ポスト・ビルドゥングスロマンと成長物語の変遷

まず大きな、だがもっとも重要な回り道は、『おおかみこども』がひとつの成長物語になっていることである。しかしながら、これはいかなる成長物語なのか。わたしたちの時代の成長物語は一般的にいかなるものになっているのか。

文学史上、近代的な成長物語（近代以前に成長物語があったかどうかは微妙なところなので、近代的なと言わなくてもいいかもしれないが）と言えばまずはいわゆる教養小説《ビルドゥングスロマン》がある。教養小説は、教科書的には、ゲーテの『ヴィルヘルム・マイスターの修業時代』を最初の典型とする、子供時代から青年時代への自己形成を描く小説である。ゲーテ発であるゆえにビルドゥングスロマンというドイツ語がそのまま（たとえば英語でも）使われているのだが、教養小説という日本語訳はちょっとわかりにくいかもしれない。ビルドゥングスロマンを直訳すると、ビルドゥング＝形成、ロマン＝小説であるので、「自己形成小説」となる（実際そのような訳語を提案した人びともいた）。

ここで気をつけたいことがある。教養小説の最盛期と言ってよい十九世紀における自己形成は、現在のわたしたちが考えるような自己形成と同じなのだろうか。もちろんまったく同じであるはずがない。しかしわたしたちは案外、たとえば十九世紀の小説を読むとき、またはそれを映画へと翻案して観るときに、現代的な成長の観念をそこに当てはめて解釈しがちである。

イギリスの文筆家で文化研究者のレイモンド・ウィリアムズは、その名著『田舎と都会』の中で、この成長の観念の変化をつぎのように表現している。

ジョージ・エリオットの小説は、社会的・経済的解決と個人的な達成が単一の次元に属するような、一連の落着を迎える形式と、この次元を拡張・複雑化し、ついには崩壊させてしまって、距離を取って脱出することを通じて精神的成長を達成した独立した人間が独り去って行くような形式とのあいだの移行期にある。（Williams p. 175）

十九世紀後半のイギリスで、男性名を筆名として小説を書いたジョージ・エリオット（本名メアリー・アン・エヴァンズ）には後でまた登場していただくとして、ここではとりあえずウィリアムズがエリオットに見いだしている「移行期」の意味を確認しておきたい。

十九世紀の典型的なビルドゥングスロマン（イギリスで言えばディケンズやブロンテの小説）は、ここでウィリアムズの言うジョージ・エリオット以前の小説ということになる。わたしたちはむしろそれ以後の成長物語、つまり個人が内面的な成長を成し遂げ、自分の属する、もしくは自分を縛りつける社会から、独り去って行くような成長物語の方に慣れ親しんでいるのではないだろうか。その観点からすると、エリオット以前の物語は、じつのところ理解しにくいものであるかもしれない。つまり、「社会的・経済的解決と個人的な達成が単一の次元に属する」ような成長物語である。

たとえばディケンズやブロンテの小説によく出てくる遺産プロットを考えてみればよい。シャーロット・ブロンテの『ジェイン・エア』（一八四七年）も遺産プロットものである。主人公のジェイン・エアは孤児であり、慈善学校で教育を受けた後に貴族（ロチェスター家）の家庭教師《ガヴァネス》となる。ジェインは主人のロチェスター氏と身分違いの恋に落ち、結婚しようとするのだが、ロチェスター氏には発狂してしまった妻（バーサ）がおり、屋敷の屋根裏に幽閉されていることがあきらかになる。ロチェスター氏のもとから去るジェイン。去っているあいだに、バーサの放った火によって屋敷は火事となり、ロチェスター氏は重傷を負う。財産と健康を失ったロチェスター氏のもとに帰還し、結婚するジェイン。

『ジェイン・エア』は、主人公のジェインの強い自我もあいまって、フェミニズム的な、感動的な成長物語となっている。しかし、この物語をジェインの自我の成長物語、そして階級の束縛からの解放物語としてだけ読むことはできない。なぜならば、最後にプロットを解決している、つまり、ジェインとロチェスター氏の結婚を可能にしているのは、遺産だからだ。ロチェスター氏のもとから逃亡しているあいだに、ジェインは、ポルトガル領マデイラ諸島で財をなした叔父が彼女に遺産を残していたことを知るのだ。

つまり、ジェインは精神的にロチェスターと対等になることによって（だけ）ではなく、経済的に対等になることによって初めて結婚できているのだ。いや、このような区分自体が、十九世紀の当時においてはナンセンスであったかもしれない。ウィリアムズの言うように、「社会・経済的」な成長、ありていに言えば階級上昇と個人の成長は渾然一体となって区別のできないものだったかもしれないのだ。男の子を主人公とするディケンズの作品を考えてみても、やはりプロットは主人公の階級上昇もしくは本来の階級の回復を志向し、隠された遺産がプロットを解決することがしばしばである。

これがいかに現代的な成長と異なっているかを理解するためには、一気に飛んで二十世紀に目を向けてみればよいだろう。たとえば、思春期の逸脱とある意味での成長、大人へのイニシエーションを描く物語としてのひとつの典型は（アメリカ文学に飛ぶが）J・D・サリンジャーの『ライ麦畑でつかまえて』（一九五一年）であろう。この小説は主人公のホールデン・コールフィールドが高校を放校処分となり、その後ニューヨークを放浪する三日間の物語である。まさにウィリアムズの言う、社会から距離を取って脱出する個人の物語だ。しかし『ライ麦畑』での精神的成長とは何であろうか。それは、タイトルになっている、たくさんの子供たちの遊ぶライ麦畑で、崖から落ちそうになる子供をつかまえる役になりたいというビジョンである（Salinger p. 173）。

勇み足に言ってしまうと、『おおかみこども』を感動的にしているのは、このビジョンである。『ライ麦畑』のホールデンは、社会的・経済的に排斥されようとしている。彼を精神病患者だとする説もあるが、それはともかくホールデンに待ち受けている将来が貧困であることは間違いない。そのようなホールデンが抱く、子供たちが崖から落ちることのないライ麦畑は、社会的に排除されようとしている彼自身のためのユートピアであろう。しかしそのユートピアはどこにもない場所ではない。歴史的にはそれは、アメリカであれば一九三〇年代以降に実現していった包摂的な福祉国家のビジョンなのであるから。しかし、ライ麦畑を福祉国家のビジョンとしてだけ読んでいいかどうかは保留を必要とする。それは福祉国家が社会・経済的に解決すべき問題（つまり階級と貧困の問題）を、リベラルな理想郷のビジョンで想像的に解決してしまっているとも言えるのだから。

二十世紀（そして二十一世紀）におけるその「リベラルな理想郷のビジョン」のひとつは、多文化主義である。多文化主義とは、世界は文化的・人種的敵対性で成り立っているが、そうであるからこそ、その文化的・人種的敵対性を解消しさえすれば、または、みんな違ってみんないい式に差異を肯定すれば世界はひとつになれるという理想であると、当面は言えるだろう。重要なのは、そういった敵対性とその解消のビジョンが、ほかの敵対性を隠蔽してしまうということである。

現在の——現在とは、ポスト植民地主義の現在であり、またポスト冷戦、さらにはフレイザーの言うポスト社会主義の現在だが、そのような現在の——わたしたちの成長物語は、この多文化主義に覆われている。『おおかみこども』で起こっていることを理解するにはこの点が決定的に重要になるのだが、ここではその前に、『ハリー・ポッター』シリーズと、カズオ・イシグロの『わたしを離さないで』にも同様の図式が見いだせるということを見ることで、ここでわたしが言わんとしていることを説明したい。

『ハリー・ポッター』、『わたしを離さないで』と多文化主義

階級を（リベラルな）文化的差異に置きかえること――ここまで述べたことを煎じ詰めれば、現代のポスト・ビルドゥングスロマンが行う操作とはそういうふうにまとめられる。現代のもっともポピュラーな学園もののひとつである『ハリー・ポッター』シリーズもその例に漏れない（図版２）。この視点での『ハリー・ポッター』読解には、三浦玲一「選択と新自由主義と多文化主義――グローバル化時代の文学としての『ハリー・ポッター』シリーズ」がある。ここではその議論に依拠しつつ、さらに議論を展開してみたい。

図版２　『ハリー・ポッターと賢者の石』（静山社）

まず、一種の学園ものである『ハリー・ポッター』が新自由主義的であるのは、それがほかならぬ学園を否定するからである。『ハリー・ポッター』は学園ものの体裁を取りながら、基本的な構図として学校と官僚（つまり魔法庁）の腐

敗を描き、学校で学んだ知識が実践では役に立たないことを執拗に強調する。それは福祉国家的な制度を否定し、その外側での登場人物たちの創意工夫《イノヴェーション》を称揚するのだ。

この作品の多文化主義の要は、ハリー、そして魔法学校の校長ダンブルドアと、魔王ヴォルデモートとの敵対関係のあり方である。ダンブルドアはヴォルデモートとの対決でさえも自由意志で選択できると述べるのだが、それを三浦はつぎのように説明する。

ヴォルデモートとの対決すらも自由意志で決定できると、およそ普通には理解できないイデオロギーをダンブルドアが説くとき、彼は、ひとつには、多文化主義的な寛容さを踏まえている。それは、「悪」との対決を、善とも悪とも切り離された、異文化の「差異」であるかのように扱うことである。（四三－四四頁）

このように、『ハリー・ポッター』は冷戦的な善悪の二項対立を、ポスト冷戦的、多文化主義的な文化的差異へと読み替えているのだ。正確に言えば、ダンブルドアのイデオロギーは、「ヴォルデモートとわれわれとのあいだの差異は、文化的差異だ」とだけ言っているわけではない。そうではなく、「ヴォルデモートはわれわれとは違って文化的差異を許容できないイデオロギーを持っている、そのかぎりにおいて他者なのだ」と言っているのだ。

では、階級の文化的差異への読み替えについてはどうか？　ここで重要になるのが、『ハリー・ポッター』が用いているビルドゥングスロマン的なモチーフである。ハリーは物語の初期設定において、孤児であり、親戚のダーズリー家にひきとられ、虐待同然のひどい扱いを受けている。このモチーフは、十九世紀的なビルドゥングスロマンの常套である。ディケンズの諸作品や、先ほど論じた『ジェイン・エア』、さらにはエミリー・ブロンテの『嵐が丘』などを考えればよいだろう。十九世紀のビルドゥングスロマンであればその後に主人公の身に起こるのはそこからの階級上昇、または隠された遺産の発覚による「本来の階級の回復」であることは確認した通りだ。

当たり前といえば当たり前だが、ハリーは階級上昇をするわけではない。そうではなく、ハリーが経験するのは本来のアイデンティティの探究とそれへの目覚めである。ハリーは人間と魔法族とのあいだの混血であり、この混血というアイデンティティを探究することが、シリーズの軸となっている。（純血としてのアイデンティティではなく、混血というアイデンティティであるところが、多文化主義なわけだが）この点こそ、『ハリー・ポッター』もまたポスト・ビルドゥングスロマンであるゆえんである。この作品は、階級上昇という意匠を、アイデンティティ物語、つまり文化的差異の物語に読み替えているのだ。

さて、もうひとつの現代の「学園もの」にも同じ意匠を見いだしてみよう。カズオ・イシグロの『わたしを離さないで』（二〇〇五年）である（図版3）。この作品でもまた、孤児のモチーフが利用されている。『わたしを離さないで』の登場人物たちは自分の親を知らぬクローンであり、いわば孤児なのだ。彼らは基本的にはファーストト・ネームしか持たず、ファミリー・ネームはアルファベット一文字だけだ。彼らの学ぶ学校（ヘールシャム）は、その意味では孤児院なのだ。その『わたしを離さないで』においても、『ハリー・ポッター』と同様に、孤児のモチーフは階級の物語から人種的アイデンティティ探究の物語へとずらされている。それを見事なかたちで象徴化しているのが、つぎの場面である。

わたし〔語り手で主人公のキャシー・H〕が古い防水シートに腹ばいになり、申し上げたとおり『ダニエル・デロンダ』を読んでいると、そこへルースがふらりとやってきて、横にすわりました。そして、本の表紙をじろりと見て、なるほど、というふうにうなずきました。待つこと一分。恐れていたとおり、やはり始まりました。

ルースが『ダニエル・デロンダ』の粗筋をとうとうと語りはじめたのです。（p.122）

ここでキャシーが読もうとするのが『ダニエル・デロンダ』（一八七六年）であることは、決定的に重要である。『ダニエル・デロンダ』は先にウィリアムズが名前を挙げていたジョージ・エリオットの小説である（これは偶然なのだろうか）。そして『ダニエル・デロンダ』もまた、孤児の主人公の物語であり、孤児の親探し物語である。その意味で、ここで『ダニエル・デロンダ』が参照されるのは、『わたしを離さないで』がそういったビルドゥングスロマンの伝統に属することを示していると言えるかもしれない。

図版３　『わたしを離さないで』（早川書房）

しかし、この『ダニエル・デロンダ』がすでに、反転されたビルドゥングスロマンだったとしたらどうだろうか。というのも、主人公ダニエルは、従来の孤児物語とは違って、育ての親のもとですでに英国紳士なのであり、階級の回復の必要がないのだ。

そして、物語の結末において、ダニエルは自分の母がユダヤ系のオペラ歌手であったことを知り、イギリスでの紳士の立場を捨てて東方に向かう決意をする。つまり、紳士の階級を回復するディケンズの『デイヴィッド・コパフィールド』的な展開とはまったく逆に、『ダニエル・デロンダ』においては孤児状態の解消がすなわち階級的な没落を意味している。その代わりにプロットを解決するのはユダヤ系という人種的アイデンティティへの目覚めである。つまり、この小説の主人公に成長があるとして、それは階級の上昇や回復ではなく、人種的アイデンティティの発見なのであり、それは『ハリー・ポッター』と同じなのである。この意味で、『ダニエル・デロンダ』は一八七六年というかなり早い段階で、多文化主義的な構造を見事に予見している。つまり、階級的敵対性を人種的差異へと置きかえた上で、それを解消するという構造である。

さて、そのような『ダニエル・デロンダ』が埋めこまれた『わたしを離さないで』は、ポスト・ポスト・ビルドゥングスロマンとでもいえる小説である。つまり、この小説は、階級的敵対性の人種的差異への置きかえをすでに対象化し意識化し、主題化しているのだ。そうすると注目すべきなのは、登場人物たちが自分たちの孤児＝クローンという状況をどうやって解決しようとするか、という点になるだろう。

もし彼らが、自分たちの状況を階級的な問題としてとらえ、階級的な解決を求めようとするなら、その解決はたとえば人間たちに対する革命というかたちをとってもおかしくはないだろう。しかし、ある意味で不思議なことだが、彼らには暴力による革命といったことは思いつきもせず、自分たちの運命を基本的には受け容れてしまう（ここには、『日の名残り』の主人公スティーヴンズと同じような諦念のテーマがある）。彼らがその運命から逃げ出そうとする方法は、ひとつには、真の愛を証明して臓器提供を先延ばしにすることであるが、これは単なる神話であることがあきらかになる。そしてもうひとつが、ほかならぬ親探しである。

クローンたちによる親探しは、第十二章から始まって数章にわたる比較的長いエピソードを構成している。まずここで皮肉（または残酷）なのは、ポシブル（親、つまりクローンの遺伝子提供者）の目撃情報がもたらされ、ポシブル探しをするのが、『ダニエル・デロンダ』の粗筋をばらそうとしたルースである、ということだ。それはともかく重要なのは、クローンたちの親探しが定義上、（ダニエルの親探しとはちがって）アイデンティティ発見につながることがありえない、ということだろう。彼らが親＝ポシブルを見つけたところで、与えられるのは自分たちがこうありえたかもしれないという可能性だけである。

「親」がどんな人かを見れば、自分が本来どんな人間でありえたか、そんな人生を送りえていたかが少しはわかると、わたしたちの誰もが——程度はさまざまながら——信じていました。(p. 140)

たしかに親探しはアイデンティティ探究ではある。しかし問題は、彼らがクローンであるがゆえに、親の発見はなんらの現実的な変化ももたらさないということである。つまり、彼らには、ダニエル・デロンダが東方に向かったような解決は与えられない。与えられるのは「こうありえたかもしれない」という可能性だけであり、彼らの人生——臓器提供の果てに死ぬ運命——に現実的な変化はない。

また、『わたしを離さないで』においては、奇妙にも、主人公たちがクローンであるという事実が、解決されるべき謎とはなっていないこともこれで説明できる。イシグロ自身がインタビューで述べている通り、この小説は、「一旦答えを知ってしまうと話がうまく続かなくなるようなミステリー小説ではない」(イシグロ「『わたしを離さないで』そして村上春樹のこと」一三四頁)。逆に言えば、主人公がクローンであるという事実に気づくことで(勘のいい読者ならかなり早い段階で気づくと思うが)、小説の物語の葛藤になんらかの解決がもたらされることはないのだ。であるから、主人公たちのアイデンティティの発見はどこまでも無意味である。この無意味さこそが、『わたしを離さないで』という小説の一種の不気味さを構成している。

『わたしを離さないで』の孤児のモチーフは、階級の物語から人種的アイデンティティ探究の物語へとずらされている。しかしそれだけではない。『わたしを離さないで』は、人間とクローンというもっとも肝心の人種的差異を絶対的なものとして保存することによって、人種アイデンティティの探究が意味をなさないことをも暴露しているのであり、その意味では『ハリー・ポッター』的な多文化主義的ポスト・ビルドゥングスロマンの限界を指し示している。

無縁な者たちの共同体

ここまでの伏線を引けば、『おおかみこども』という映画で何が起きているのか、かなり明確になるはずだ。

まず、『おおかみこども』の全体を二分している、東京という都会と、田舎の共同体の対立について、これが『ハリー・ポッター』における学校や魔法庁の否定とじつのところ通底していることを確認しておく。

花は田舎に引っ越して農業を始めるにあたって、元エリート大学生らしく、文献を大量に借りてきてそれを参考にするのだが、その試みはことごとく失敗する。そこで出てくるのが、最初は非常に愛想の悪い近所の老人、韮崎《にらさき》である。彼は陰に日向に花を助け、それをきっかけに花はその田舎の共同体にとけこんでいく。ここでは、疎外された都会に対して、田舎の共同体が称揚されているのだろうか？　そうではなく、ここで力点が置かれているのはじつは、学歴の否定であり、本から得た知識の否定である。これはある意味、『ハリー・ポッター』において、教室で学んだ魔法の知識が実践上は役に立たないのと同じなのだ。

それにしても、『おおかみこども』における田舎の共同体のビジョンは、細田守監督の前作『サマーウォーズ』（二〇〇九年公開）におけるそれの反復であることも考えると、それ以上の重要性と願望が込められていると見るべきかもしれない。どちらの作品においても、田舎の共同体は、都会の非共同体そして（『サマーウォーズ』では）ネットの仮想空間の（非）共同体を想像的に補完し、新自由主義的な現在におけるセーフティーネットの不在をフィクションの上で補償するものだと見られるべきだろう。つまり、田舎のゲマインシャフト（ドイツの社会学者テンニースが提唱した、地縁や血縁による共同体）を提示することによって、都会（またはネット空間）の社会が不全であることが確認されるのである。花が田舎に引っ越すことを最終的に決心するのは、児童相談所の官吏の訪問を受けてからである。官吏はあきらかに、困窮したシングルマザーを救うためではなく、虐待やネグレクトを疑って花のもとを訪れる。このエピソードによって、行政は事実上花を救わないし、救うべきでもないと考えられていることが確認される。

このように、『おおかみこども』における田舎という場は、福祉を提供する国家や、教育を提供する大学制度の否定の場なのである。その意味で、田舎の共同体を肯定的に表象することは、逆説的にも新自由主義的な現在の追認になっているのだ。そして重要なのは、そのような田舎を背景にしてこそ、貧困の反復が文化的なアイデンティティ選択によって覆い隠されることだ。

先に述べたように、狼として山に入り、母から独立しようという雨の決断は、おおかみという比喩形象を取り去ってみれば、十歳という年齢で労働過程に参入する決断なのであり、彼は父と同じような貧困の道を歩んでいるように見える。物語はそのような貧困と階級の問題を、アイデンティティの選択という衣でつつんで覆い隠す。雪が草平に対してカミングアウトする場面でそれは最高潮に達すると言っていいだろう。そこでは、人種的差異（この場合は人間とおおかみ人間との差異）のリベラルな肯定が物語を解決している。しかし、この肯定を可能にしている条件は何だろうか？　雪のカミングアウトは、草平が、彼の母が再婚して妊娠をし、自分はいらない子供になったと告白した後に、そのような告白を聞いたがゆえに行われる。つまり、雪がカミングアウトできたのは、草平が雪と同じような無縁社会に放り出された存在であることの確認を経たからなのだ。ここで、花もじつは無縁の存在であるという伏線が重要になる。冒頭において、花はすでに父を失っていることがあきらかにされるし、またなんといってもシングルマザーになった後に、彼女にはあきらかに頼る先がない。血縁もなければ、先ほど述べたように福祉に頼ることもできない。無縁な者たちの共同体をみずから選びとる雪は、母親の花と同じ境遇を反復し、貧困を反復するかに見える。

興味深いことであるが、この雪の選択は、ジョージ・エリオットの『ダニエル・デロンダ』における主人公ダニエルの選択を反復している。彼は、みずからがユダヤ人であることを知ることで、マイラ（入水自殺をしようとしているところをダニエルが救い、その家族捜しを手伝った貧しいユダヤ人の歌手）への愛を認め、ともに東方に向かう決意をする。『ダニエル・デロンダ』では人種の同一性の確認であったものが、『おおかみこども』においては無縁社会の共有へとずらされている。つまり逆に言えば、『おおかみこども』は無縁社会という貧困と階級の問題を、人種的差異の問題であるかのようにあつかうのだ。『ダニエル・デロンダ』においても『おおかみこども』においても、人種的差異の肯定がプロットを解決しているが、その解決は登場人物たちの階級的な上昇を保証することはないし、ましてや階級社会のなんらかの変化を保証するものではなおさらない（注3）。

もちろん、映画は表面上はそのような読解を許さないかたちで作られている。この映画が貧困の再生産についての作品ではないといえるのは、また、一般的にもわたしたちが階級的問題が解決しない物語に違和感を抱かずにいられるのは、多文化主義と、その中でのアクティヴなアイデンティティの選択というモチーフが、あまりに強力だからなのだ。

注3　ここでの議論における多文化主義を、ウェンディ・ブラウンの言う「寛容」に置きかえることも可能である。ブラウンによれば現代の寛容は脱政治化の一形式であり、それは「政治的に分析され解決されなければならない不平等、従属、周辺化、社会対立といったものを、一方では人格的で個人的なものとして、他方では自然的、宗教的、文化的なものとして説明することである」（ウェンディ・ブラウン『寛容の帝国――現代リベラリズム批判』向山恭一訳、法政大学出版局、二〇一〇年、二一頁）。ただし、ブラウンの提示する「社会と文化」の分離の問題（もちろんこれはフレイザーの再分配と承認の問題でもある）が、まさにそのような分離の問題として十分に意識的に乗り越えを目指されているかどうかはこの注だけで結論を出すのが難しい問題である。

このように、『おおかみこども』は貧困の再生産という再分配の問題を、人種的差異の肯定と乗り越えという承認の問題に置きかえて解決している。だが、最後に問うべき問題は、それがこの作品のすべてなのか、ということである。この問いは、フレイザーの言うフェミニストの物語《フエミニスト・ロマンス》のすべてが新自由主義的なのか、という問いと並行関係にある。言いかえれば、『おおかみこども』という作品の新自由主義的な側面、多文化主義のイデオロギーにこめられた願望を、すべて虚妄として退けてよいのか、ということである。

この疑問を考えるにあたっては、先ほどこの作品における都会と田舎の対立について提示した考え方を採用する必要がある。つまり、この作品は都会の新自由主義的な状況を、田舎の理想的な共同体と並置することによって示している。一面的には、この田舎の肯定そのものが、福祉国家的な制度の否定ともなっているという意味で新自由主義的である。しかし、願望という水準で見たときに、この肯定と否定の弁証法の根源にあるものは何だろうか。そこで願望されているのは、そもそもそこから逃走する必要のない都会ではないか（ここにいたって、都会とは文字通りの都会のことではなく、ゲゼルシャフト——先述のゲマインシャフトと区別される、近代的な非地縁・血縁的な社会——としての社会のことであるが）。そこから逃走する必要のない都会＝社会とは、無縁であることが社会的排除をもたらさないような、究極的な包摂社会である。つまり、『おおかみこども』が願望するのは——もちろん、危険な願望ではあるが——社会の全員が無縁であるが、それでも「社会」を構成している、という意味での無縁社会なのである。

同じことが多文化主義にも言える。『ライ麦畑でつかまえて』で提示されるユートピアは、究極の包摂社会である。そうであるかぎりにおいて、ホールデンのユートピアは福祉国家というかたちも取りうるし、現在であればリベラルで理想的な多文化社会のビジョンも取りうる。『おおかみこども』が願望する無縁社会は、ホールデンのライ麦畑の現代版であった。それは、個人が徹底的に個人化されつつ、だがそれが排除をともなわない社会だという意味で、究極の新自由主義であり、なおかつ究極の福祉国家でもある（注4）。かくして、花の最後の叫び、雨に対して呼びかける「しっかり生きていきなさい」という叫びは、新自由主義的な叫びであるのとまったく同時に、雨が母の庇護がなくとも——つまり無縁であっても——無事に生きていけるような社会への呼びかけでもあるのだ。そのような社会においては、貧困をおおかみという人種的差異に読み替える必要はなくなり、貧困は貧困として対処されるだろう。『おおかみこどもの雨と雪』は、それ自身が必要とされないような社会を希求する作品であるという意味で、ユートピア思想なのである。

コーダ――現代版『ライ麦畑でつかまえて』としての『僕だけがいない街』

『おおかみこども』が公開された二〇一二年から連載が開始され、人気を博してアニメ化・実写映画化されたのは、三部けいの漫画『僕だけがいない街』である。本章をしめくくる前に、この作品についても一言述べておきたい。というのも、この作品もまた、本章の結論で述べたような究極の包摂社会を痛々しく希求する物語であり、その意味では現代版『ライ麦畑でつかまえて』とも呼べる作品だからである。

『僕だけがいない街』の主人公藤沼悟は二十九歳（二〇〇六年時点）の漫画家。彼はリバイバルと彼が呼ぶ、タイムリープの能力を持っており、事故や事件が起きた場合にその直前まで時間をさかのぼり、それによって過去を変えることができる。ところがある日、そのリバイバルが起きた際に、幼女を誘拐しようとしていた人物を悟の母佐知子が見とがめ、誘拐を未然に防ぐということが起き、同時に彼女は、その犯人が一九八八年に、悟が小学生であった北海道で起きた連続児童殺人事件の真犯人であり、顔見知りの人物であることに気づく。それに感づいた犯人は、悟のアパートで佐知子を殺害。犯人の巧妙な仕掛けにより、佐知子の死体の第一発見者であった悟が犯人として追われることになる。警察に追い詰められた瞬間、悟は一九八八年、小学生時代へとタイムリープする。それは、連続児童殺人事件が起きる直前であり、悟はその第一の被害者であった雛月加代《ひなづきかよ》を救い、真犯人を見つけ出して過去を変えるという使命に乗り出すことになる。

これ以降の細部と結末はともかくとして重要なのは、雛月加代が母親から虐待を受け、クラスでは孤立していたために放課後に公園でひとりぼっちでいることが多く、そのために犯人に誘拐されてしまったということ、そしてそれゆえに悟のミッションは「加代をひとりぼっちにしないこと」（そしてさらに、ほかの犠牲者たちもひとりぼっ

注4　これは、ベーシックインカムの基本的な理念に近いということを指摘しておく。ベーシックインカムは、世帯別ではなく個人に対する給付であるという点で、セーフティネットの個人化を徹底する理念であり、同時に資力調査なしであらゆる人（とはいえ「国民」に限られるのだろうが）に給付されるという意味で徹底的に包摂的である。批判的な意見も含めたベーシックインカムについての検討は萱野稔人編『ベーシックインカムは究極の社会保障か——「競争」と「平等」のセーフティネット』（堀之内出版、二〇一二年）を参照。また、ベーシックインカムがジェンダー公正を保障しないという視点からの批判的検討も含む書籍としては、堅田香緒里ほか『ベーシックインカムとジェンダー——生きづらさからの解放に向けて』（現代書館、二〇一一年）を参照。

ちにしないこと)だ、ということである。実際、彼は同級生のケンヤやヒロミとともに、加代の友達となり、一度は失敗してタイムリープをくり返すことになるが、彼女を犯罪から救い出す。

この物語は本章の結論と響き合っている。タイムリープものという構造ゆえに、この物語は人生の失敗を取りもどし、失敗のない人生を実現させることを目指すことになる。とすると、この物語のメッセージは「ひとりぼっちがいなくなることこそ、完全な人生である」ということになるだろう。つまり、この作品は、「ライ麦畑で崖から落ちそうになる子供たちをつかまえて救う人になりたい」というホールデン・コールフィールドの夢を共有しているし、『おおかみこどもの雨と雪』が希求した完全なる包摂社会の夢をも共有している。

だが、このメッセージは裏返すことが可能である。つまり、「ひとりぼっちの人生は失敗である」というふうに。このように、裏返してみると突然に息苦しいものになるこのメッセージの二面性は、現在の包摂社会の二面性そのものではないだろうか。「ひとりぼっちの人生は失敗である」——これは、コミュニケーション能力を強調する現在のポストフォーディズムの命令として聞くことも可能なのである。この点でこの作品は『おおかみこども』とは袂を分かっていると言えるだろう。『おおかみこども』が完全なる「無縁社会かつ包摂社会」を目指すとすれば、『僕だけがいない街』はかなり親密な感情の共同体を求めるからだ。

同時に、『僕だけがいない街』は、「階級問題を文化的に解決する」という本章の諸作品のパターンも踏襲している。というのも、加代の問題は、犯罪被害の問題である以前に階級問題でもある。悟と同じく彼女の家は母子家庭であり、彼女の苦境の原因は主に貧困にある。ところがこの作品は、貧困の結果であるはずのひとりぼっちを苦境と悲劇の原因としてあつかう。

最後にもうひとつ、類似した主題を持つ作品が、大今良時の漫画で、アニメ映画化もされた『聲《こえ》の形《かたち》』である。この物語は、主人公の高校生石田将也が、小学生の頃に犯した「罪」を贖罪しようとする物語である。その罪とは、聴覚障害者のクラスメイト西宮硝子をいじめたという過去だ。この作品においても、この場合は主人公自身が行ってしまった排除（そのために結局は主人公自身がいじめられ、排除されてしまうのだが）を精算し、排除なき社会を作り出すことで、主人公たちが成長できるのである。この物語においても、「排除があってはならない」ということに、「排除されてしまうという失敗」（将也自身に対するいじめ）を通じて気づくという構造になっている点で、『僕だけがいない街』と同じ二面性が存在する。

〔補論〕インターセクショナリティと究極の包摂社会

本章はジェンダーを主題とはしていないため、一見、第一章から第三章への流れを断ち切っているように読めるかもしれない。だが、本書では使わなかったインターセクショナリティ（交差性）という用語を導入すれば、これらの章が同様の問題意識をベースとしていることが見えやすくなるだろう。

インターセクショナリティについては、本書の後に出版されて翻訳も出たパトリシア・ヒル・コリンズとスルマ・ビルゲの『インターセクショナリティ』や、前章の補論でも触れたカイラ・シュラーの『ホワイト・フェミニズムを解体する』が参考になる。この概念は、人間の主体性がさまざまなアイデンティティや権力関係の「交差」によって成り立っていることを説明する。そこで焦点が当たることが多いのは、ジェンダー、セクシュアリティ、人種と民族、障害（ディスアビリティ）と健常性（アビリティ）、年齢、そして階級である。例えばある人は、女性という意味ではマイノリティかもしれないが、彼女が白人の中流階級であればそれらのアイデンティティにおいてはマジョリティ的である。もし彼女が黒人でトランスジェンダーであったとすれば、人種とセクシュアリティの両方の点で多重のマイノリティであるということになる、等々……。

インターセクショナリティはマジョリティ性やマイノリティ性を考える上では必須の観点であるが、取り扱いを注意すべき側面もある。ひとつは例えば男性がみずからの階級的「弱者性」を強調して男性としてのマジョリティ性を覆いかくすのに、この概念が利用されてしまうような危険性である。もうひとつはそれと関連して、原理的に、この概念は私たちの主体がさまざまなアイデンティティの「足し算」で出来上がっていることを説明するためだけに存在しているわけではないという点だ。どういうことかと言うと、インターセクショナリティとは、支配的な言説の中から排除され、なかったことにされてしまうようなアイデンティティを見えるようにして下線を引き直すための概念であり、その逆に働いてはならない、ということである。「その逆」の働きとは、そういったアイデンティティを排除するというだけではなく、支配的でマジョリティ的なアイデンティティの中心性は保存し、周辺的なアイデンティティを「包摂」するような働きのことも指している。とりわけ、「ダイバーシテイ」の肯定が企業にとって必須の態度となっているような現代（つまりポストフェミニズム的な現在）においては、そのような「包摂」の態度は中心を保存するための態度でしかない。すでに見えているアイデンティティを足し算していくためではなく、見えなくされているアイデンティティを見えるようにすること、そして今使っている「見る」という比喩に表現されるような、見る者と見られる者という権力関係を根本的に揺り動かすこと。それがインターセクショナリティ概念の意義である。

本章で行ったことは、まさにこの点の批判だった。『おおかみこどもの雨と雪』『ハリー・ポッター』シリーズなどは、階級的差異であるものを人種的差異に置きかえ、前者を覆いかくしてしまっていた。しかもそれは、ある種のリベラルな多文化主義の仮面のもとに行われていた。これは言いかえれば、インターセクショナリティの悪用といえる。なぜなら、ポストフェミニズム状況において多文化主義《ダイバーシティ》が新たな資本主義への取り込みを受けつつその資本主義の燃料となっているなら、階級問題を見えなくさせることは、この資本主義の働きそのものを見えなくさせることにほかならないのだから。

私が本章の結論においた、「究極の包摂社会」は、そのような観点から言い直すことができるだろう。つまりそれが「究極」であるのは、ここまで述べたようなインターセクショナリティを徹底したという意味で「究極」なのだ。それは、中心を保存することを目的とはせずに、ただそれ自体を目的としてあらゆる人びとを包摂するような社会である。本文で述べた通り、これはユートピア（＝どこにもない場所）である。しかし、どこにもない場所を指し示すことは、文学だけではなく、映画や漫画など、想像的な作品にこそできる。そのような想像的なものの力を、もう一度信じてみたいと思う。

第三章　『千と千尋の神隠し』は第三波フェミニズムの夢を見たか？
――アイデンティティの労働からケア労働へ

そこは少女が迷いこんだ不思議の国。しかしかの有名なウサギの穴に落ちた少女とは違って、少女はそこで生きてゆくためには労働を強いられる（注1）。その労働は、八百万《やおよろず》の神が湯治をする湯屋での下働きである。湯屋の経営者である異形の魔女との契約に際して、少女はその本来の名前（荻野千尋）を奪われ、「千《せん》」という通り名を与えられる。

注1　ただし、二〇一〇年公開、ティム・バートン監督の『アリス・イン・ワンダーランド』は、アリスの「就職」物語である。この映画においてアリスは、貴族のお坊ちゃんとの結婚を拒否して、最終的には帝国主義的な貿易にたずさわることになる。ここでアリスがイノヴェーションと機転で富を生み出す一種の起業家という性格を与えられていることが重要である。この点は、第一章で論じた、『ムーラン』に類似しており、『アリス・イン・ワンダーランド』はもうひとつのポストフェミニズム的テクストだということになる。

以上は、言わずと知れた、宮崎駿監督、スタジオジブリ作品の『千と千尋の神隠し』（二〇〇一年）の概要である。この、労働の契約において名を奪われるという行為はどう解釈できるだろうか？　まずは、それは労働における疎外を表現しているように見える。つまり、千尋は労働の場においては、人間としての固有性を必要とされず、通り名で十分な存在、取り替え可能な労働力へと疎外されるということだ。言いかえると、千尋は労働に際してそのアイデンティティを奪われるということになる。また、湯屋での労働は労働者の固有性を、アイデンティティを必要としない労働だということになる。

本当にそうだろうか？　そうでない（またはそうである）として、二十一世紀のはじめにおけるわたしたちの「労働」と、『千と千尋』における労働はどのような関係にあるのだろうか。本章では、ポストフォーディズム下における感情労働とアイデンティティの労働、そしてワークフェアをキーワードにしつつ、それを考えていきたい。

フェイスブックという労働

第二章では、ナンシー・フレイザーの「承認と再分配のジレンマ」を枕におきつつ、承認（文化的）と再分配（社会的・経済的）の分離が現在の政治にとって第一級の重要性をもっていることを主張し、『おおかみこども』において、再分配の問題が承認の問題によって置きかえられている様を論じた。つまり、貧困を本来のテーマとするように思えるこの作品は、人種的差異の乗り越えという承認系の、文化的なモチーフによってそれを覆い隠してしまっていたのだ。

本章ではこれとはまた違ったパターンの承認と再分配との関係を考えてみたい。それは、承認と再分配はじつのところ分断されるどころか、現実の上で脱構築されているかもしれない、ということだ。再分配なき承認も、承認なき再分配も、現在においてはかなり想像しにくいのではないか。たとえ現実には再分配が承認を、承認が再分配をかならずしも保証はしないとしても？

ここで述べているのは、ポストフォーディズム的なワークフェア社会におけるアイデンティティの労働ということである。カタカナだらけになってしまった。どういうことか。たとえば、フェイスブックに自分のページを持ってそれを運用するとは、どういった労働なのかということを考えてみよう。いや、突然なにを、とおっしゃるだろうか。フェイスブックにアカウントを持って、さまざまな「友だち」とつながって自分の日々の活動を報告したり、情報交換したりすることは、基本的には余暇の趣味に属することであり、それは労働ではないと言われるだろうか。フェイスブックだけではなく、ブログやSNS一般についてもそうだと。

しかしポストフォーディズム的な現在においては、そのように余暇に属するとかつては考えられていた活動が、そしてその活動で涵養《かんよう》される人間性——もしくはアイデンティティ——こそが、労働資源に取り込まれるのである。

ポストフォーディズムとは何か。これについてはさまざまな議論がなされてきたが（注2）、ここではごく一般的な説明をしておこう。ポストフォーディズムとは、基本的には生産体制を指す名称であるが、それは生産体制を中心とするより広い社会のあり方の名称でもある。「ポスト」フォーディズムである以上、それはフォーディズムの後に来たものだということになる。フォーディズムという名称は自動車製造会社のフォードから来ている。それが象徴するのは、大量生産・大量消費の生産と経済であり、それは大まかには先進国における福祉国家（あくまでそれが資本主義の体制であるという意味では福祉資本主義）の時代に相当する。フォーディズム下での典型的な雇用形態は終身雇用であり、労働者の権利と利益は強力な労働組合によって守られる。ただし労働者とはいってもその典型は稼ぎ頭の男性であり、女性は専業主婦として家庭内での再生産労働（家事・子育て）に従事する。その労働の性質に注目すると、抽象的に言えば硬直性がその特徴となる。イメージすべきは、やはりフォードの自動車工場におけるラインでの単純労働であろうか。それは物質的な生産労働であり、労働者に活発で柔軟なコミュニケーションは求められない。同じものを黙々と作っていればいいのである。そしてフォーディズム労働者は一日八時間の労働時間とそれ以外の余暇の時間を明確に区別する。言ってみれば、労働時間は本来の自分からは疎外された労働者となる時間、余暇は本来の自分に還る時間である。

これに対するポストフォーディズムは、ほぼ新自由主義の時代に対応する生産体制である。かつてのように、同じモデルの商品を大量に生産して大量の在庫を抱えつつ売りさばく、というモデルでは収益が上がらなくなると、生産は市場の需要を常にフィードバックして調整されつづける必要が出てくる。これを、オンデマンド生産もしくは在庫を抱えないリーン生産方式という。そのような生産に対応するためには、雇

注2　ポストフォーディズムについてはマイケル・ハートとアントニオ・ネグリ『〈帝国〉』（水嶋一憲ほか訳、以文社、二〇〇三年）、クリスティアン・マラッツィ『現代経済の大転換――コミュニケーションが仕事になるとき』（多賀健太郎訳、青土社、二〇〇九年）、パオロ・ヴィルノ『マルチチュードの文法――現代的な生活形式を分析するために』（廣瀬純訳、月曜社、二〇〇四年）などのほか、仁平典宏「社会学居酒屋談義　第2夜　ポストフォーディズム　感情労働　ちょっと社会的排除」『POSSE』Vol.24（二〇一四年九月）、一五二～六七頁を参照。

用が流動化される。生産調整に合わせて、雇用したり解雇したりが容易になる必要があるというわけだ。というわけで、典型的な労働者は臨時雇用の派遣労働者となるし、労働者の解雇のさまたげとなる労働組合は弱体化させられる。そして、これは本書全体のテーマでもあるが、女性の賃労働への「進出」はこの文脈で考えられるべきなのだ。ポストフェミニズム状況において増加した女性の労働者の多くは、臨時雇用の流動的な労働者なのである。その意味で、ポストフォーディズムとポストフェミニズムは多くの点で重なるとみなしてよい。

フォーディズムが硬直性を特徴とするなら、ポストフォーディズムのキーワードは柔軟性だ。市場の需要を柔軟に生産に反映させる行為とはすなわち、市場の情報を常にコミュニケートすることにほかならない。労働者は積極的にコミュニケーションを取ることが推奨される。それだけではない。この柔軟なコミュニケーションはポストフォーディズムの労働の内容そのものの特徴でもある。つまり、ポストフォーディズムにおいては物質的生産という意味での労働は終焉を迎えたと、すくなくとも想定される。その代わりに中心にすえられるのは非物質的生産だ。それは例えば感情労働であるし、このあと述べるクリエイティヴ労働である。最後にこの文脈で重要なのは、労働と余暇の区分であろう。ポストフォーディズムが流動的な雇用を特徴とし、かつ

フォーディズム	ポストフォーディズム
福祉国家（福祉資本主義）	新自由主義
大量生産・大量消費 終身雇用 労働組合 核家族・主婦 硬直性 物質的生産労働 非コミュニケーション 労働と余暇の区分	オンデマンド生産 臨時雇用・派遣労働 非組織労働者 女性の賃労働 柔軟性 労働の終焉・感情労働・クリエイティヴ労働 コミュニケーション 労働と余暇（または失業状態）の区分の崩壊

コミュニケーション能力を軸とする非物質的生産を特徴とするなら、労働時間と余暇を厳密に区別する労働者は労働者失格である。そうではなく、ポストフォーディズム労働者は、余暇の時間にも常にみずからの全人格的能力を磨くことが求められるし、そのような人格的能力を——この後議論するように、アイデンティティそのものを——労働に供することが求められる。労働時間には疎外された労働力になるのではなく、本来の自分を労働に供さなければならないのだ。ここから生じてくるのが、本章で論じるアイデンティティの労働であり、やりがい搾取である。

さて、フェイスブックの活動とは何であろうか。それはまずは、アイデンティティの維持管理である。フェイスブックには、名前や性別

（性的指向）、現在の所属だけではなく、タイムライン上に自分が住んできた場所、出身学校、職歴などを登録することができ、その情報と、フェイスブック上の友だち関係を元に、フェイスブックは驚くほどの的確さで知り合いである可能性のあるほかの利用者を「お勧め」してくる。

ここで起きていることは、わたしたちがフェイスブック上に自分のアイデンティティを再構成し、それを維持管理し、さらにほかの人たちとネットワーク化するということである。そしてそのアイデンティティは、つねに「いいね！」と呼ばれるようなものでなければならない。フェイスブックには「いいね！」というボタンはあるが、「よくないね！」というボタンはない。最近リアクションのボタンのバリエーションが増え、その中には怒りの表情の「ひどいね」があるが、それもけっして投稿者への怒りを表すのではなく、投稿者の怒りへの共感を表すものである。共感の共同体である点で、フェイスブックは前章のコーダで論じた『僕だけがいない街』の志向する社会だとも言える。

ここで再び、『アナ雪』を論じた際に触れた、フェイスブックCOOのサンドバーグに再登場願ってもいいだろう。その著書『リーン・イン』を読むと、サンドバーグ自身のキャリアがいかにしてフェイスブック的に形成されてきているかが痛感される。

つまり、まずは隠しもしないコネ社会。サンドバーグのメンターである、元アメリカ財務長官ラリー・サマーズとの関係を読んでいると、実力主義・ハイパーメリトクラシーのアメリカという思い込みは吹き飛んで、アメリカのこの業界に厳然と存在するネットワーク（もしくはコネ社会）を痛感する。

そしてなんといっても、働く女性、働くだけではなくトップに立つ女性としてのサンドバーグの悩みは、働きつつ、トップに立ちつつ、いかにして「いいね！」と思われるか、ということである。第三章「できる女は嫌われる」は、この問題をあつかう。ジレンマは、伝統的な意味で「いいね！」な女性は出世ができないということだ。女性的に「いいね！」であろうとすると、従属的になってしまうのだから。しかし、出世するためには「いいね！」でなければならない。ひどいジレンマだ。『リーン・イン』は基本的に、女性をめぐる制度の問題ではなく、そのような個人のジレンマをめぐるサンドバーグの苦闘を描く。そしてその答えは、序章の副題にある「内なる革命」である。つまり、女性をめぐる外側の制度の変革ではなく、内面、アイデンティティの革命だ。

ここまで述べたことを言いかえれば、サンドバーグの本は、アイデンティティ管理の成功譚ということになる。そして、フェイスブックはまさに、サンドバーグが成功したアイデンティティ管理とそれにもとづくネットワークをモデルとしているかのように見える（逆で、この本が単にフェイスブックの宣伝をしているだけかもしれないが）。というわけで、サンドバーグの労働は、ポストフォーディズム的な労働、アイデンティティの労働として表象される。そしてフェイスブックに参加するわたしたちのアイデンティティ管理もまた、そのような意味での労働なのである。

アイデンティティの労働には、先にポストフォーディズムの定義で確認したように、歴史的にさまざまな要素が多重に折り重なっているとみるべきだろう。一面的にはそれはA・R・ホックシールドの言う感情労働の特性を備えているし、「脱産業化社会」（ベル）、「労働の終焉」（リフキン）、「知識経済」（ドラッカー）、「クリエイティヴ経済」（フロリダ）といったさまざまな世界観とも、アイデンティティの労働という観念は重なってくる。教育学では、アイデンティティ資本モデルなるものまで登場しているらしい（コテ）。

また、逆説的に聞こえるかもしれないが、アイデンティティの労働はワークフェアのイデオロギーとも親和性が高い。つまりこれは、冒頭で述べた承認と再分配の現実的な脱構築の問題でもあるが、労働と余暇の区分を廃した人間の生のすべてそして人間性のすべてが労働たりうるなら、それは究極のワークフェア社会とも言えるということだ。社会学者のニコラス・ローズは、先進リベラリズム（つまり一九九〇年代終わりの、イギリスではブレア政権から生じた新たな新自由主義）を論じるにあたって、この意味でのワークフェア（もしくはウェルフェア・トゥ・ワーク（welfare-to-work））を重視している。アメリカであればクリントン政権、イギリスであればブレア政権で進められた政策だ。現代において貧困が問題にされる場合、それは階級《クラス》ではなく「アンダークラス」の問題として論じられる。そして、「アンダークラスの概念における「クラス」という言葉は、社会の階層化ではなく道徳的な区分の論理をともなっている」(Rose p. 266)。ゆえに、アンダークラスという形で「排除された市民が道徳的に優れたコミュニティへと再参入させられるのは、道徳的な矯正、倫理的な復元を通じてである」(p. 266)。

ローズが言っているのはこういうことだ。後期新自由主義（ローズが八〇年代以降のサッチャリズムと区別する、一九九七年以降のブレア政権における新自由主義）においては、貧困の問題は階級問題ではなく、道徳の問題となる。貧しい人間は社会制度と階級のせいではなく、個人的な道徳・倫理（の堕落）のせいで貧しいのである。したがって、その解決は個人を道徳的に矯正することを通じて行われる。そこで出てくるのがワークフェアである。その場合、「有給の仕事はプライドと自尊心、もしくは自己評価を生み出し、個人を尊厳《リスペクタビリティ》、アイデンティティそしてコミュニティへとつなぎとめる」（p. 266）。現代のワークフェアは、再分配と承認を脱構築し、貧困と労働をあくまで個人のアイデンティティの問題に結びつける。そして重要なのは、ローズがあやまたず指摘しているように、そのようなワークフェア政策は、安定的な就労を提供するどころか、「臨時雇い化され、リスクから守られておらず、不安定で脱社会化された労働人口」を生み出すことである（p. 267）。ここに、ワークフェアの観念と、先に整理したポストフォーディズムとの関係が見えてくるだろう。ジェイミー・ペックの言い方を借りれば、ワークフェアは「労働を強制し、その一方で福祉を残滓化することを目的として、福祉受給者にさまざまな強制的なプログラムや義務的な要件を押しつける」ことを本質とする（p. 10）。

もうひとつ、アイデンティティの労働の背景にあるのは、いわゆる消費社会であることも指摘しておく。つまり、生産ではなく消費が中心となった社会のことであるが、ここで重要だと思われるのは、たとえばフェイスブックにおけるように、財と富を生産する労働と消費の行為とがごたまぜになってしまうことだ。つまり、フェイスブックにページを持ってそれを運用することは、顧客としての消費の行動のはずである。ところが、フェイスブックにとっては、それらの個人ページの集積こそが富なのだ。

これは、マクドナルドにおいて顧客が（配膳やゴミ捨てといった）労働をしていることと通底しているだろう。また、それとは逆に、労働（職業）でさえも消費財のようにあつかわれるという逆転が起きている。現代の消費社会においては、職業でさえも消費者がするように柔軟にとっかえひっかえすること、できることが推奨されるのだ。その状況のほとんどグロテスクなまでのパロディかと思わせられるのが、職業テーマパークであるキッザニアだろう。そこに集まる客である子供たちは、商品である職業をつぎつぎに消費する。それは職業アイデンティティを消費しているとも言いかえられる。

　ここまで述べたことをまとめると、アイデンティティの労働は、前章で『おおかみこども』について述べた、「アクティヴなアイデンティティの選択」という支配的なイデオロギーと結託しているということになる。前章では引用しなかったが、そこで念頭にあったのは、ニコラス・ローズが指摘する行動的市民《アクティヴ・シティズン》という理念である。ローズは、先進リベラリズムの重要な要素が、この行動的市民性《アクティヴ・シティズンシップ》だとする。ローズによれば、行動的市民とは公的な事柄や民主主義への参加の問題ではなく、

　そうでなくむしろ、行動的市民のモデルとは、自分自身の企業家《アントプレナー》であった。こ

れはたんに自恃という価値観の再起動というだけではなく（…）個人が、みずからの人生、そして家族の人生を、計算された行動と投資を通じて、存在そのものの価値を高め、資本化することにより、一種の企業として営んでいくことであった。（p. 164）

フェイスブックとは、このような、自己という企業の経営にほかならない。

しかし重要なのは、これらが先ほど述べたように、世界観、もしくはイデオロギーである、ということだ。三浦玲一はアイデンティティの労働をつぎのように定義する。

アイデンティティの労働は、ポストモダンにおける（旧来の型の労働の隠蔽としての）規範的な労働の形態である。それは、先進国における新しい経済モデルとしての、クリエイティヴ経済という（ポストモダンな偽）概念から説明され、正当化されようとしている。そこに「生産」はなく、われわれ自身のなかに内在するクリエイティヴィティの実現こそが「富」を産むのである。それは、自己実現こそが富になるというユートピア願望の表明である。（九九頁）

ここで三浦が、アイデンティティの労働というビジョンが、あくまで旧来の型の労働の隠蔽なのであり、クリエイティヴ経済というのは（ポストモダンな偽）概念であると述べていることに注目しよう。それらは、客観的な真実ではなくイデオロギーであり、苦行としての労働を隠蔽するものなのである。

一言で言えば、これはやりがい搾取の構造である。労働は自己実現としてとらえられるべきであり、苦行としての労働を表面上ともなうように見えるとしても、それはあくまで付随的なものだ。突き詰めれば富は原子力のごとく無から、もしくは内面から湧き出てくるものであり、そのようなアイデンティティを維持・管理することこそが、労働の本質なのである。そのような思い込みのもとに、わたしたちは物質的な労働を差し出すわけだが。そして問題は、アイデンティティの労働が支配的になったという世界観のもとで、アイデンティティの労働にアクセスできる労働者とそうでない労働者、つまりローズの言う行動的《アクティヴ》市民と、受動的《パッシヴ》に派遣労働を渡り歩くしかない労働者とのあいだの分断が隠蔽されることである。現在、「労働が隠蔽される」というときに隠蔽されている労働力とは、後者のような労働者にほかならない。

残る本章では、まず『魔女の宅急便』（宮崎駿監督のジブリ作品版、一九八九年）を、そのようなやりがい搾取とアイデンティティの労働をみごとに示してみせた作品として分析したい。しかる後に、『魔女の宅急便』の問題系の再検討とも言うべき『千と千尋』について考察する。

『魔女の宅急便』のポストフェミニズム

二〇一四年、政府は女性の活用を掲げていた（この言葉は批判を浴びて、その後女性の活躍に変えられたが）。同じ二〇一四年、角野栄子原作、一九八九年には宮崎駿監督でアニメ映画化された『魔女の宅急便』が実写映画化され、公開された（清水崇監督）。そして、驚くべきことでもないが、その女性の活用、つまり男女共同参画社会のプロジェクトはこの実写版『魔女の宅急便』とタイアップをした（全くの余談だが、この映画はあのワタミともタイアップした）。

たとえば手元にある大阪市が作成したポスターは、この作品とそのような政治プロジェクトの結びつきを物語っている（図版1）。これが驚くべきことでないのは、もともとの『魔女の宅急便』という作品が、働く女の子をフィーチャーした作品だったからで、それが出版されたのが一九八五年、つまり男女雇用機会均等法が制定（翌年に施行）された年だったからである。

第一章でも述べたように、均等法がポストフェミニズム状況のはじまりを印づける法律であったなら、『魔女の宅急便』はまさにポストフェミニズム的なテクストとして読むことができる。そして、そのような意味でのポストフェミニズムが形を変えつつも継続していることは、実写版が女性の活用――ワークフェア的な前提における、承認と再分配の脱構築とそれによる新たな搾取の構造の生成――とタイアップしたことによって語られているだろう。

さて、ジブリ版『魔女の宅急便』のポストフェミニズムはどのような形態を取っているだろうか。まずは、より広く、この作品と新自由主義との関係を確認しておきたい。まずなによりも、『魔女の宅急便』は郵政民営化の物語である（三浦、八八頁）。

図版１　大阪市のポスター

そもそも宅急便という言葉は、ヤマト運輸が商標登録をしていた言葉であり、『魔女の宅急便』のアニメ映画化の企画が持ち上がった際に、企画のグループ風土舎は、ヤマト運輸にスポンサーを打診した。劇中に登場する黒猫（ジジ）が同社のトレードマークと一致することから、ヤマト運輸はスポンサーになることに最終的に同意したという（叶、一三四頁）。

そのような事実を超えて、この作品が、ずっと後の二〇〇五年に小泉純一郎内閣が行政改革の本丸としてついにその法案を可決することになる郵政民営化と深い関係にあるのは、主人公の魔女見習いキキの労働の性質ゆえである。

まず大前提として、キキという十三歳の少女の成長物語が、職業を得て労働をする物語と等号で結ばれていることの、ある意味での異様さを確認する必要があるだろう。アイデンティティの労働とはまずなによりも労働がアイデンティティになることだ（承認と再分配の脱構築）。

それを前提として、キキの労働がどのように描かれるかを見ていくと、キキが魔女見習いとして暮らすことになった町で、みずからの職業として選ぶ宅急便というものが、クリエイティヴな自己実現をともなう職業として描かれること、そこにこの物語が郵政民営化の物語であることの真の意味――これが新自由主義的でポストフォーディズム的な物語であるということ――があると分かるだろう。

ここでは、キキのそのクリエイティヴな労働が、先に論じたアイデンティティの労働の特質を備えていることを指摘していきたい。キキが一種の偶然から選ぶ職業、宅急便は、その本体は肉体労働であるはずだが、その表象においては感情労働の特質が前面に押し出されている。

キキの労働が感情労働となることについては、彼女が宅急便を始める前の、物語の助走の段階で多くの伏線が張られている。たとえばキキが故郷の親の元を離れ、一年間の修行へと旅立つ場面。魔女の母は、「大事なのは心」というアドバイスに加えて、「笑顔を忘れずにね」という矛盾した忠告をキキに与える。じつのところ、一つ目の忠告は原作にはあるのだが、二つ目の「笑顔を忘れずにね」というのは、映画版で加えられたものである（角野、二五頁）。この忠告は、忠告というよりは予言、またはキキを縛りつける呪いの言葉である。すなわち、物語の残りにおいて、キキには能力を磨いたり、見知らぬ町で無事に暮らしたり、職業を得てお金を稼いだりということよりもなによりも、「笑顔でいる」ことが成功の条件として課されるのである。笑顔が成功の秘訣という意味ではない。笑顔でいること自体が成功なのである。

事実キキは、笑顔を保ちつづけようと努力する。宅急便の仕事が軌道に乗って、仕事の注文を受けて顧客の玄関に立つとき、キキが笑顔（営業スマイル）をつくる、一種健気な仕草は印象的である。この瞬間に、キキの笑顔は文字通りに感情管理から感情労働へと変換されている。母の忠告の通りに、心（内面）と笑顔（外面）は脱構築される。

もうひとつの伏線——または呪い——は、キキが世話になるパン屋のおソノに出会う場面でもたらされる。出会って間もないのだが、おソノはおそらく直感的にであろう、「あなたが気に入った」という言葉をキキに投げるのである。この言葉はこう言いかえてもいいだろうか——「あなたって、いいね！」と。これも一種の呪いである。キキは、おソノのところで世話になっているかぎりは、「いいね！」であることを強いられるのだ。

実際、キキの仕事の成功は、宅急便の運び人としてのスキルよりも、いかなる人的なコネクションをつくるかにかかっていると言えるだろう。もっとも成功するのが、ニシンのパイの宅配を依頼する裕福な老女とのコネクションである。

物語の後半において、キキは飛ぶ能力を失ってしまう。この能力喪失もまた、感情労働とアイデンティティの労働の観点からとらえられている。能力を失った時、キキは猫のジジに向かって、「素直で明るいキキはどこかに行っちゃったみたい」と言う。もちろんこの「素直で明るい」という、外国語への翻訳がかなり難しい概念は、「率直であること」（英語であればhonest, true to oneselfやfrank）と「従属的であること」(obedient) が魔法のように結合された日本独特のジェンダー概念であり、キキの労働がそのようにジェンダー化された感情労働であることを物語る。おそらく、英語話者には、honestであることとobedientであることが結びつくというのは全く理解できないだろう。それはともかくもここでは、魔力を失うことと、感情管理ができなくなっていることは、どちらが原因でどちらが結果というわけではなく、一体のものとしてとらえられている。キキの魔力、宅急便をするために必要な、飛ぶという能力と、「素直で明るい」ことは一体なのであり、能力の喪失とはすなわち感情管理、アイデンティティ管理の失敗のことなのだ。

この一体性を確認するのが、森の中に住む画家の少女である（映画版では名前は出てこないが、ここではウルスラという原作での名前で呼ぶ）。能力を失って悩むキキは、ウルスラの住む森の小屋に行き、そこで彼女と語り合うことをきっかけとして立ち直っていくのだが、ここでウルスラははっきりと、魔法と芸術家の能力とを等号で結んでいるのだ。曰く、「魔法も絵も似ている、わたしも時々描けなくなる」と。ここでは、感情労働としての魔法が、今度は芸術家的なクリエイションの活動へと敷衍されている。ここで想起すべきは、前節で触れたリチャード・フロリダのクリエイティヴ経済という考え方であろう（ちなみに、クリエイティヴ経済というのは国連貿易開発会議（UNCTAD）によって押し進められてきたイデオロギーでもある）（注3）。内面から湧き出るクリエイションとしての労働のイメージ。それと魔法が——そしてすでに魔法と結びつけられたスマイルが——結びつけられる。

そして決定打は、魔法の力の源をめぐる対話である。キキは、魔女は血で飛ぶのだと説明する。ウルスラはそれを聞いて納得したように、「魔女の血、絵描きの血、パン職人の血」と列挙する。ここでウルスラは驚くべき敷衍と、それによる転倒を行っている。まず、魔女の血と絵描きの血までは結構だ。ここまでの議論の通りである。つまり、そこでは職業を保証するのは外的なスキルではなく、アイデンティティである。しかし、最後のパン職人の血は何か？　ここでは、ひどいカテゴリー・ミステイクが起こっている。ここまで『魔女の宅急便』が規範的なものとして示してきた職業と労働は、アイデンティティの労働であり、感情労働であった。パン職人は、魔女や画家との対立においてはフォーディズム的なモノ作り、物質的生産の職業である。しかるにウルスラはさりげなく、そのような職業をアイデンティティの労働の列挙の中に忍び込ませているのだ。

まったくもって皮肉なのは（これは意識的な皮肉なのだろうか？）、劇中に登場する当のパン職人が、感情労働の対極にいることだ。パン職人とはおソノの夫（原作での名前はフクオだが彼も名前は出てこない）であり、彼は、わたしが正しければ、うなり声や「おい！」など、三つの台詞しか与えられておらず、寡黙な職人そのものといった風情である。

フォーディズム労働者の典型であるようなフクオをアイデンティティの労働者に無理矢理に引き入れるときに、何が起きているのだろうか？　それは、前節の引用で三浦が述べていた、「旧来の型の労働の隠蔽」である。ウルスラによる列挙は、この世はそのようなアイデンティティ労働で覆われており、旧来型の労働は消滅したのだ、というビジョンを提示している。作品全体としては、パン職人というフォーディズム的労働者をいったんは表象しておいて、それをアイデンティティの労働の側にカウントするという、かなり巧妙な隠蔽戦略が行われているのだ。職業と労働をテーマとするかに見える『魔女の宅急便』は、その実労働の終焉をテーマとしていたのである。そして労働が終焉した世界観によって、キキのような労働力はやりがい搾取されていくのだ。

そのような本作品のテーマを完成させるのは、映画の最後のシークエンスである。飛ぶ能力を失ったキキは、突風で流された飛行船から友人のトンボを救出するために

注3　つぎのＵＮＣＴＡＤのウェブサイトを参照。http://unctad.org/en/Pages/DITC/CreativeEconomy/Creative-Economy-Programme.aspx また、ＵＮＣＴＡＤ出版の *Creative Economy Report 2010* も参照。

能力を取りもどし、救出に成功する。この時、キキはなぜ飛べるようになったのだろうか？　ここまでの議論にしたがえば、キキは一度失敗したアイデンティティ管理をふたたびできるようになったということになる。しかし、ではそれはどうしてなのか？　トンボを助けたい一念で、という答え以外に答えはあるのだろうか？

　ここで重要なのは、劇中においてこの救出劇そのものがメディア・イベントとなっている点である。救出劇はテレビ中継され、それまでの物語の登場人物たち、そして町の人びとがテレビを介してキキを応援する。この時に起きているのは、一言で言えばキキが芸能人、もっとはっきり言えばアイドルになっているということだ。もちろん劇中で描かれるメディア・イベントというのは、現実の観客と作品自体とのあいだの関係のアレゴリーである。つまり、劇中に観客とそのまなざしの対象（キキ）との関係を描きこむことで、『魔女の宅急便』の現実の観客は、みずからをテレビを観る町の人びとに投影し、それに同一化することができるようになる（図版2）。

　そのようなメカニズムによって、キキがスクリーンの向こうの存在であること、つまりアイドルであることが強調される。そして、アイドルといえば、日々ブログなどSNSを更新し続け、キャラ立ちをしようとする近年のアイドルグループの労働は、ポストフォーディズム的なアイデンティティの労働の戯画に近づくような労働である

図版２　アイドル化するキキ（『魔女の宅急便』より）

（錦織、坂倉）。キキはそのような意味でのアイドルになる。アイデンティティの労働の化身となるのだ。玄関の前で営業スマイルを作っていたキキから、さらに一歩進んで、全存在（アイデンティティ）を労働に提供するキキの完成である。クライマックスの事件をメディア・イベントとすることによって、労働の隠蔽は完成する。

『千と千尋の神隠し』は第三波フェミニスト・テクストか？

『千と千尋』の主人公、千尋は以上のすべてにうんざりしている。

作品の冒頭から彼女は、親の運転する自動車の後部座席で仏頂面をし、「いいね！」であれというポストフォーディズムの命令に、どこまでもうんざりしているように見える（図版3）。

おそらくそこは、宮崎駿の意図するところではなかっただろう。つまり、宮崎駿としては、千尋の性格は、現代っ子をリアルに描こうという努力の結果であり（過剰に細っこい手足を見よ）、けっして『千と千尋』によって、『魔女の宅急便』で提示した労働を否定しようなどという意図はなかったかもしれない。

しかし、そのように考えてみるところから始めてもよいだろう。つまり、『千と千尋』は『魔女の宅急便』に対する批判ではないのか？　だとすれば、『千と千尋』は隠蔽された旧来型の労働を表象のうちに取りもどす、一種のリアリズム的な試みなのか？　そして、もし『魔女の宅急便』が先に述べたようにポストフェミニズム的なテクストとして読めるなら、『千と千尋』はポストフェミニズムを批判する、つまり第三波フェミニズム的なテクストだと言えるのか？

二つの作品の差異と同一性はいかなるものだろうか。まず、先に論じた意味でのワークフェア的な前提条件を作り出しているところで、二つの作品は共通している。千尋が落ち込んだ不思議の国では仕事を持たない者は存在を許されない。だがそれだけでは現代的なワークフェアとは言えず、単に生きるためには働かなければいけないというメッセージにとどまってしまうだろう。この世界をワークフェアの世界たらしめ

図版３　感情労働の拒否？（『千と千尋の神隠し』より）

ているのは、湯屋の経営者の湯婆婆《ゆばーば》を縛りつける、「働きたい者には仕事を」という誓いである。その意味においては、湯婆婆は勤労福祉を提供する現代的な新自由主義国家なのだ。少し結論を先取りするならば、この意味でのワークフェアには、福祉よりも勤労を与えよ、という意味にくわえて、あらゆる労働を賃金労働化せよという意味があることが追ってあきらかになるだろう。

　さて、それ以外の部分では『千と千尋』における労働はアイデンティティの労働の正反対を志向するように見える。象徴的なのは例の、名を奪われる場面であろう。それが、千尋は労働をするためにはアイデンティティを必要とはしないというメッセージだとするならば、『千と千尋』はフォーディズム的な生産労働を規範的な労働として提示しているのだろうか。

どうもそうではない。ここで真正面から、湯屋が象徴するのは何か、湯屋の労働とは何かについて考えてみよう。答えはいくつも出てきそうである。しかしここでは、湯屋の労働をあえて一言で表現してみたい。それはケア労働、もしくはエヴァ・フェダー・キテイ（『愛の労働あるいは依存とケアの正義論』）の言葉を使うなら依存労働である。ただし、キテイは依存労働という言葉をかなり狭い意味で使っており、千尋の湯屋での労働をその狭い意味での依存労働だというのは無理があるだろう。むしろキテイの議論は、依存労働を、それと関連し、それと似ているほかの労働（たとえば愛情労働）ととりあえずは区別することに力点を置いている。

> 私は依存者の世話をする仕事を依存労働と呼んでいる。依存ケアと呼ぶこともあるが、依存者のケアが仕事であることを強調するために私は労働／ワークという言葉を選んだ。依存労働には、フェミニストが労働／労苦として強調する、伝統的に女性が従事してきた活動と共通する特徴がある。たとえば、ケアと性的な要素を含む愛情労働 affectional labor は、依存労働と共通する部分があるが、まったく同じではない。依存労働の場合、愛情がなくても不十分とはいえ成り立つし、セクシュ

アリティは多くの場合、依存労働には不適切である。(…) どこで行われるにしろ、愛情労働や家内労働が女性に割り振られるところでは、依存労働もジェンダーによって割り振られる。(八三頁)

しかしむしろ、『千と千尋』の重要な点は、キテイが区別しようとするさまざまな労働を区別不可能な渾然一体のものとして表象するところにある。湯屋での労働は、キテイが依存労働と呼ぶもの、そしてそれと区別される愛情労働、そしてさらには、それらのひな型である(もちろんジェンダー化された)、家事労働といった要素を重層的に含みこんでいる。キテイがここでは区別をしているさまざまな労働(後に述べるように、賃労働と無償労働との区分も問題となる)が、区別できない形で象徴的に圧縮されていることが、『千と千尋』の湯屋の特徴である。

具体的には、まずはできるだけ文字通りの水準から考えてみると、湯屋は神々のためのお風呂屋さんであり、また風呂だけではなく食事や娯楽を提供するサービス業である。しかし主題や象徴だけでなく、映像のテクスチャーという水準も含めると、そこには介護をはじめとする依存労働や、さらにはセクシュアリティの関わる愛情労働の要素が見い出せる。たとえば、オクサレ様のエピソードを見てみよう。オクサレ様は本来は河の神であるが、どうやら人間による汚染でゴミとヘドロだらけになってしまっている。千尋はカオナシにもらった薬湯の札を利用し、また悪臭をはなつヘドロをものともせず、身を挺してオクサレ様の体にひっかかった瓦礫を引き抜き、湯屋を危機から救う。

ここでは、作品全体で繰り返される重要なモチーフが現れている。それは排泄である。宮崎作品は、飛翔の感覚、打撃の感覚、風の感覚など、ダイナミックな運動の感覚を肉感的に表現することに長けているが、『千と千尋』でもっとも印象的なのは、じつは排泄の感覚である。

オクサレ様がヘドロと瓦礫をすべて排泄する様子、そして排泄しきった際に発する「よきかな、よきかな」という台詞には非常に肉感的なものがあるが、観客が受ける印象は嫌悪感というよりは快感である（と、すくなくともわたしは思う）。ちなみに、この排泄行為は作品全体の重要なポイントでもう二度繰り返される。そのいずれもが、このオクサレ様から千尋に授けられる苦団子によって引き起こされるのだが。ひとつは、ハクが銭婆《ぜにーば》から盗んだ契約印とタタリ虫をはき出す場面（この虫を踏んだ千尋が「エンガチョ」をすることによって、これが排泄物であることが強調される）、もうひとつは従業員やご馳走をたらふく吸収してぶよぶよに太ったカオナシが、そのすべてを嘔吐する場面である。

それぞれが何を意味するのかは考えないとして、ここでは三つの排泄行為すべてを千尋が引き起こして――「介助」して――いることを確認しておこう。もう言うまでもないと思うが、ひとつの水準でこれが、つまり排泄行為の介助が象徴するのは、文字通りの依存労働、老人介護である。

しかしそれは、ひとつの水準でしかない。同じ排泄行為をめぐって、湯屋の労働にはもうひとつ（もしくは二つ）の象徴の水準があるのだ。そのひとつは、セックスワークだ。湯屋の猥雑な風景は、あきらかにかつての日本の風俗業の風景であり、そうだとすると千尋はこの世界でセックスワーカーになったのだ、そしてもう一種類の排泄――つまり射精――の介助を行っているのだとも読める。

ジブリファンの一部を怒らせるであろうこの解釈はしかし、当の宮崎駿自身が提示している解釈である。雑誌『プレミア日本版』でのインタビュー記事で、宮崎はつぎのように述べているのだ。


僕が子供のころには、新宿にだって文字通り赤いランタンがともっているような街がありましたからね。意図的にそういうものをというより、ちょっと古くて、いつの間にかみんな忘れてしまっている盛り場を描いてるんです。(…)日本はすべて風俗営業みたいな社会になっているじゃないですか。いま女性たちは、売春窟が似合いそうな人がものすごく増えている国なんじゃないかと思います。(清水、七〇頁)

だとすれば、『千と千尋』には、介護労働という依存労働とは区別されるはずの、賃労働化された愛情労働(それもそのごく字義的な、セックス労働)が書きこまれてもいることになる。

そこにさらに不穏な読みの水準があるとしたらどうだろうか。千尋は先に述べたように、就職にあたって名を奪われる。女性が名を奪われる(ことの多い)制度といえば何か。もちろん、結婚である。そして結婚とは多くの場合、無償の家事労働、依存労働、愛情労働の制度である。ここで、それに対して批判的かどうかは別として導入されているのは、ダラ・コスタの言う愛情労働ということになるだろう。婚姻・家庭内での、性的職務も含む不払いの家事労働である。この読みの水準を加えると、湯屋の労働というのは賃労働・不払い労働をとりまぜた、依存労働、愛情労働、家事労働の混沌たる融合物といった様相を呈してくる(名前について付言すると、セックスワークの場合には「千《せん》」は源氏名だということになるだろう）。

さて、そのような意味で、『千と千尋』は第三波フェミニズム的テクストと言えるだろうか。つまり、ポストフェミニズムの世界観が隠蔽する労働（この場合はもっとも広い意味での、ジェンダー化された依存労働）の存在を指摘し検討し批判するという意味で。答えは例の、イエスでありなおかつノーであるというものだ。そこで、この作品が最終的には取りこまれているように見える、わたしたちの労働の世界について考察しよう。

『逃げるは恥だが役に立つ』？——依存労働の有償化、特区、家事の外注化

ここまで述べたことにもかかわらず、『千と千尋』が無償労働《アンペイド・ワーク》と有償労働《ペイド・ワーク》の区別を積極的に、かつ批判的に融解させていると解釈することには、保留が必要である。すでに述べてきたように、無償労働（活動）と有償労働（賃労働）との区別は、ポストフォーディズム的なワークフェア社会において、すでに実効的に脱構築されているからだ。すべてが有償労働化されるという意味で。しかしそれが全面化した社会、というのが、これまたここまで述べたようにひとつの世界観であるなら、逆に、有償労働と無償労働がそれでもなお区別されている瞬間を求めることが、ひとつの課題になる

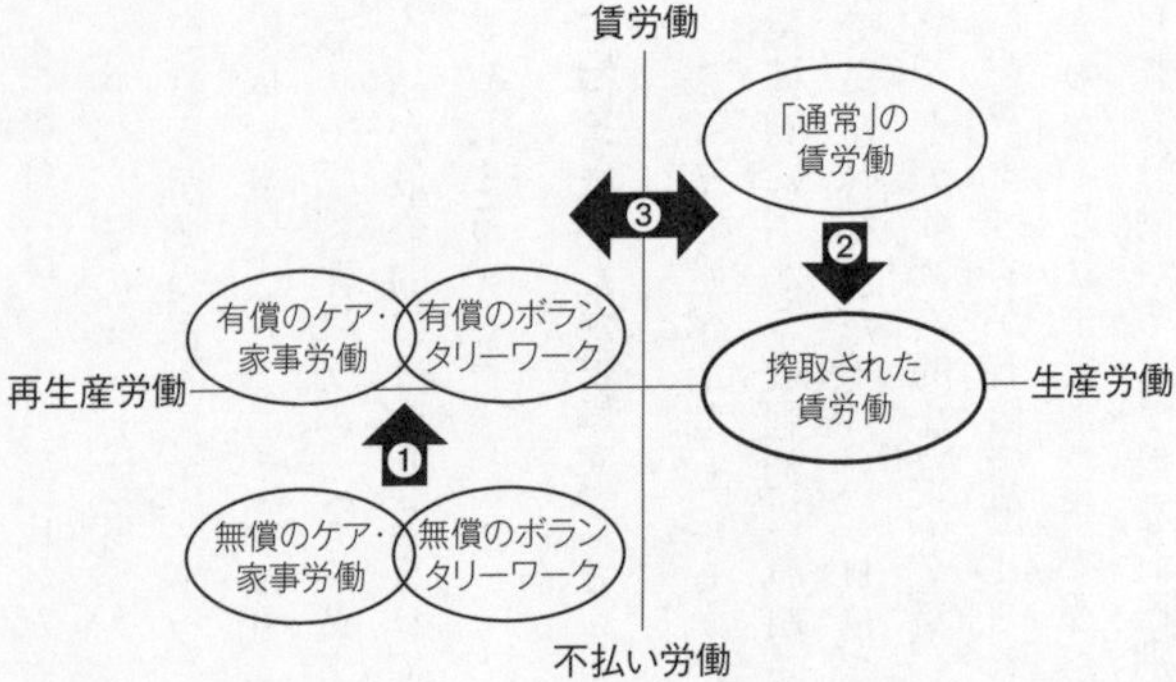

図版4　労働の再編

だろう。

当面、『千と千尋』の、賃労働がすべて、というワークフェア的な前提を受け入れるならば、この作品は前節で述べたような労働を有償化・賃労働化することをテーマとするとも言える。ケア労働・家事労働といった依存労働の有償化である。

そう考えると、『魔女の宅急便』と『千と千尋』は、対立するどころか、じつはわたしたちの労働の世界、その閉域を相互補完的に表象しているということになってしまう。図版4（仁平、一八頁）をご覧いただきたい。これは仁平典宏による、現在の労働の再編を表す図である。この図のポイントは、通常の賃金労働がダンピングされていることが、ケア労働やボランタリーワークの賃金労働化とセットになっているという指摘である。その中で、端的に言えば、『魔女の宅急便』が表現するのは四象限の右側、『千と千尋』が表現するのはその左側ということになる。『魔女の宅急便』は、通常の生産労働、賃労働を、アイデンティティの労働というビジョンによってダンピングした。または、「やりがい搾取」化した。それとセットになって出てくるのが、図の①の矢印で表される、ケア労働・家事労働の有償化である。

二〇一六年にドラマ化されて人気を博した『逃げるは恥だが役に立つ』は、このような問題を明敏にとらえてラブコメディへと落とし込んだ作品であった。主人公の森山みくりは、派遣社員であったのを解雇され、仕方なく父の元部下の津崎平匡《つざきひらまさ》のもとで家事代行のアルバイトをするのだが、父が突然に田舎に引っ越すと言い出す。せっかく見つけた仕事を失いたくないみくりは、平匡に雇用主と従業員という関係での「契約結婚」をすることを申し出る。この作品は、家事労働（ケア労働・依存労働）を完全に賃金労働化するとどうなるのか、という思考実験として非常に興味深いものであるのだが、同時に重要なのは、物語が先ほどの図版における矢印②もしっかりと背景にしていることだろう。すなわち、みくりは心理学を修めて大学院まで出ているにもかかわらず、派遣社員としての就職しか見つけられず、しかも解雇される。みくりは、さまざまなテレビ番組のパロディという形で妄想を展開するのだが、そのうちの重要なひとつが『情熱大陸』のパロディだというところが、非常に辛辣である。『情熱大陸』はいわば職業ドキュメンタリーだといえるが、その基本は夢とやりがいへの情熱によって困難に打ち勝つ職業人の像を提示することである。やりがい搾取の時代をリードするテレビ番組であるといえよう。派遣社員そして家事代行業者としてプロの仕事をしようとするみくりは、そのような姿勢がまさにやりがい搾取の構造にとらわれていることに、『情熱大陸』の妄想パロディによって皮肉なかたちで気づいている。みくりは、通常の賃労働者としても、有償の家事労働者としても、搾取される。

ところが、現実に日本政府が家事労働の有償化について考えていることはこれよりさらに過酷である。例えば二〇一四年六月に日本政府が閣議決定した日本再興戦略に含まれる、国家戦略特区での外国人家事支援人材受け入れを考えてみよう。つまり、家事労働をアジアからの外国人家政婦（あきらかにジェンダー化されているのでこのように書く）に「外注」しようというアイデアである。この政策は、女性の活躍のためという名目になっている。日本人女性が外で働きやすくするために、ということだ。

しかしこの政策の問題点は、そのような名目の陰で、有償化されようとしている家事労働――かならずしも外国人だけではなく、家事労働を外注して活躍することのできない女性たちによって担われる労働――をダンピングするということだ（注4）。

特区とは、見方を変えれば労働ダンピング前哨地帯にほかならない。この政策は、賃労働化される前からジェンダー化され、劣悪化されてきた依存労働の質を改善するどころか、全体的に押し下げることを狙いとしている、もしくはすくなくともそのような効果を持つ（注5）。そしてそのような議論と同時に、国会は労働者派遣法を、派遣労働をさらに一般化・固定化する方向で改悪する審議に入っていた。まさに先の図の①の矢印と②の矢印がセットになっている事例である。

注4　これについては、アジア女性資料センターと移住労働者と連帯する全国ネットワークによる、「拙速な「外国人家事支援人材」受け入れに抗議し、ＩＬＯ家事労働者条約の批准を求める共同声明」を参照。http://ajwrc.org/410

注5　アジアにおける外国人家政婦の、「新奴隷制」とまで呼べるような悲惨な労働環境については、アイファ・オング、特に第九章「生地図作成――メイド、新奴隷制、ＮＧＯ」を参照。Aihwa Ong. *Neoliberalism as Exception: Mutations in Citizenship and Sovereignty*. Durham: Duke UP. 2006. また、ケア労働がエスニシティによって分業されている、つまり感情的な絆などの「関係的」なケア労働を白人女性が、それに比べて単純な再生産労働を有色人種女性が受けもつ傾向があることについてのミノン・ダフィの研究の紹介と検討は山根純佳「ケア労働の分業と階層性の再編――「関係的ケア」から周辺化される労働」仁平典宏、山下順子編『労働再審⑤ケア・協働・アンペイドワーク――揺らぐ労働の輪郭』大月書店、二〇一一年、一〇三～一二六頁を参照。

千尋が湯屋での労働を通じて「生きる力」を得た、というようなテーマ解釈の危険性、それが隠蔽するものは、この特区構想の危険性と同じである。『千と千尋』の物語全体が、名前＝アイデンティティの回復というモチーフと、環境問題（ハクは、マンション建設で失われた河の神であった）に回収されるにいたって、この作品が依存労働のダンピングを批判的にとらえる余地はさらに失われていく。それをあからさまに表現してみせたのが、二〇〇一年文部科学省白書である。第一部・第二章・第二節三「今後の課題」には、『千と千尋』についてのコラムが設けてあり、この物語は「少女千尋が「生きる力」を獲得することをテーマとして〔原文ママ〕映画」だとされている。その「生きる力」とは何かと言えば、「「他人のために何かをすること」、「与えられるのではなく、与えること」の意味を知」ることだとされている。搾取が容易に可能な主体になることこそが、「生きる力」を手に入れることなのだ（ちなみに、「生きる力」という言葉は、一九九六年の文部省中央教育審議会答申までさかのぼる）。

ただひとつ最後に、物語がそこから逸脱する部分、またはここまでの議論では説明できない部分を指摘しておきたい。それは、作品が解決しないままに放置する矛盾という形を取るだろう。この作品にはもうひとつの依存労働が書きこまれている。それは湯婆婆が大事にする、巨大な赤ん坊である坊《ぼう》の存在だ。恐ろしい、金の亡者である湯婆婆も、坊にはめっぽう弱い。なにくれとなく坊の世話を焼く姿は、依存者のケア労働の精髄である。

この坊との関係を文字通りに見ると、湯婆婆は働く母親である（実際は母ではなく祖母なのかもしれないが）。そしてもし彼女が現代的で理想的な働く母親なのだとしたら、湯婆婆は（何度も登場願って恐縮だが）サンドバーグだった、ということになるだろう。しかし、そうであるなら、坊の世話は外注されてしかるべきなのである。すくなくとも、先述の特区構想のような発想から言えば。しかし、湯婆婆は宿痾のように坊から、坊の世話からは逃げられない。

なぜだろうか。おそらくそこに、湯婆婆のかかえる矛盾がある。というのも、見方によっては、湯婆婆は子育てもしている経営者だ、というのではなく、むしろあの巨大な赤ん坊を育て、溺愛するために湯屋の労働が存在する、という見方もできてしまうからだ。その場合、湯婆婆は家父長制、つまり資本主義を下支えし、また資本主義によって条件づけられた再生産労働の戯画となる。坊はさしずめ、伝統的・家父長的な家族においてどこまでも甘やかされる長男といったところか。湯屋の依存労働は、究極的には坊の依存をささえるために搾取された労働なのだ。

だとすれば、湯婆婆という人物像には歴史的に異なる二つのフェーズが凝縮されていることになる。一方ではここまで見たとおり、湯婆婆は現在の労働の再編、つまり依存労働の有償化と搾取を押し進めるポストフォーディズム社会、したがって新自由主義的社会のエージェントである。しかし他方で、坊との関係においては、湯婆婆は前時代的な、新自由主義化の流れによって——そして同時にフェミニズムからも——批判されてきたはずの、福祉資本主義を支える家父長制的な再生産労働の権化でもあるのだ。

この湯婆婆の矛盾がもっとも危機的なかたちであきらかになるのが、映画の大団円の場面である。最後の、千尋が銭婆のもとから湯屋に戻る場面では、坊の自立がさりげなく述べられている。銭婆が見抜いたように、坊は自分にかけられた、ネズミの姿になる魔法からすでに解放されているにもかかわらず、みずからの意志でネズミの姿を選ぶ。そして、湯屋に戻ったとき、立って歩く坊の姿に湯婆婆は驚き、そして「千を泣かしたらばあば嫌いになっちゃうからね」と坊は彼女にたてつくのである。この坊のささやかな自立は一体何を意味するのだろうか?

一方ではそれは、主人公の千尋とも共通する成長のテーマなのかもしれない。しかし本論の文脈では、坊が依存状態から脱した、という言い方の方が適切である。そして自由に連想を広げるなら、坊が依存者でなくなった後に、つぎに依存者となるのは湯婆婆かもしれないということを、この自立は示唆しているのではないか。つまり、ここで湯婆婆は老後におひとりさまとなる危機に直面している。湯婆婆がここで直面する危機とは、ナンシー・フレイザーとリンダ・ゴードン（「依存の系譜学」）の言葉を借りれば、「ポスト産業社会の依存」である（p. 101）。二人によれば、「依存の意味論的な地図」はポスト産業またはポストフォーディズム時代において描き直される──「産業時代における用法では、いくつかの形態の依存は自然で本来的なものとされていた一方で、ポスト産業時代の用法においては依存は避けうるもの、非難されるべきものになる」（p. 99）。福祉国家時代においては、主婦であったり、子供、学生、また老人といった依存の形態は「自然で本来的」なものとみなされた。ところが、ポスト産業／ポストフォーディズムのワークフェア社会においては、自立している＝依存していないこととはすなわち「賃金労働と同一視」（p. 100）され、自活する労働者こそが「普遍的な社会的主体」とみなされる（p. 101）。依存はスティグマ化されるのだ。それだけではなく、「ポスト産業社会の依存は……しだいに個人化される」（p. 101）。依存は社会的・構造的なものではなく、個人の失敗なのである。湯婆婆が直面するのはこのような依存の危機だ。

もちろん湯婆婆がこの危機を解決する方法は、もっと稼ぎ、みずからが依存者となった場合の依存労働を外注することである。しかしどうやら問題はそういうことではない。事実、それで済む問題なのであれば、湯婆婆に坊を溺愛する理由はなくなってしまうはずだから。依存労働の有償化が解決しない問題、またはそれが隠蔽する依存労働の搾取の事実を、湯婆婆の危機は指し示している。

最後に強調したいのは、湯婆婆の矛盾は、危機は、わたしたち自身の矛盾であり危機である、ということだ。人間は依存状態で生まれ落ち、やがて多かれ少なかれ依存状態へと戻っていき、そして死ぬ。依存労働が有償化されるというのは、そういった生のすべてが商品化されるということであるが、すくなくとも作品の枠内では、この最後の場面において、資本家たる湯婆婆が、ほかならぬ商品化のエージェントである湯婆婆が、「人間」に戻る瞬間が垣間見られるのではないか（もともと人間だったとしての話だが）。依存者となる瞬間とは、かくも人間的な瞬間なのである。みずからの依存状態をどうするのかという選択に対峙した際の、現在のわたしたちの苦境、それは人間的なのである。最後の場面では千尋が湯婆婆に「おばあちゃん」と呼びかけ、湯婆婆はそれに驚く。この場面の意味はそういうことなのだ。千尋の呼びかけは、「おばあちゃん」という人間的——依存的——存在へと呼びかけることによって、湯婆婆の苦境をあきらかにすると同時に、湯婆婆を救っている。ほんのわずかではあれ、

『千と千尋』で描かれる労働が、商品化されていないコミュニティ生産の労働となりうる瞬間が、そこにはあるのかもしれない。自立の物語はつねに、その自立した誰かに依存する者の、依存の物語でもありうる。そのようなサイクルこそが「社会」であるなら、作品の最初と最後に千尋がくぐるトンネルは、そのような社会へとひらいていくトンネルだったのかもしれない。

〔補論〕亡霊としての第三波フェミニズムとケア

率直に言って、本章ではタイトルにかかげた「第三波フェミニズム」の説明が不十分であることは否めない。しかも、本章で述べている第三波フェミニズムは現在の一般的な説明とは少し異なっている。まずはこの点を補っておこう。

第三波フェミニズムの現在の一般的な説明は、大きく分けて二つの視点からなされるだろう。そのいずれも、先行する第二波フェミニズムとの批判的関係から説明される（ここでは逐一引用などせずに私の言葉で要約するが、文献としては田中および北村を参照）。まず時代としては、第三波フェミニズムは一九九〇年代から二〇〇〇年代に起きたとされる。ひとつの側面は、特に人種の観点から、第二波フェミニズムから排除されてきた、もしくは少なくとも中心化はされなかったマイノリティによる批判的な介入という側面である。これは、「第三波」という言葉の起こりが、一九九一年のアニタ・ヒル事件（アフリカ系アメリカ人女性法律家のアニタ・ヒルが、当時の最高裁判所判事候補だったクラレンス・トーマスにセクシャル・ハラスメントを受けていたことを告発した事件）だったこととも関連する。この事件を受けて、レベッカ・ウォーカーが雑誌『ミズ』で書いた「第三波になること」という記事が、第三波という言葉を広めたとされる。

アニタ・ヒル事件はセクシャル・ハラスメントについての認知を広めたということもあるが（そしてそれゆえに、#ＭｅＴｏｏ運動と同一視される第四波フェミニズムの時代――つまり現代――に改めて注目されているが）、もうひとつの側面としてはブラック・フェミニズムに代表されるような、女性の中でのマイノリティ運動にも接続されるものであった。この、女性の中での多様性を問う第三波という側面については後述する。

第三波のもう一つの特徴は、消費文化的なものへの親和性の高さであり、その中で「ガーリー」なものや「ガール・パワー」に力点が置かれたことである。これは、ある種「禁欲的」であり、また女性性を家父長制に押しつけられたジェンダーとして忌避する傾向にあった第二波フェミニズムに対する抵抗の側面があった。こちらの第三波の雰囲気を表現する映画作品は『キューティ・ブロンド』（二〇〇一年）である。この映画では、まさに第二波が忌避したような、ピンクのドレスを着たブロンドの美人がハーバード大学のロースクールに入学して成功していく。

この要約で分かると思うが、とりわけ後者の第三波と、本書でポストフェミニズムと呼んでいるものとの距離はかなり近い。というより、これはもう視点と名づけの問題であり、かなりの程度両者は重複していると見るべきだろう。

さて、私は本章で、第三波フェミニズムを「ポストフェミニズムの世界観が隠蔽する労働(…)の存在を指摘し検討し批判する」フェミニズムだと定義している。この定義で私が表現したかったのは、ここまで行った教科書的な第三波の定義からはこぼれ落ちるようなフェミニズムの可能性のことであった。それは、誤解を恐れずに言えば、第二波フェミニズムの一角をなしていた社会主義フェミニズムの系譜につらなるフェミニズムである。労働や資本主義を問題とする社会主義フェミニズムの問題意識は、ここで整理した第三波フェミニズムにおいては忘れ去られる傾向にあった。後者のポストフェミニズムに近づく第三波においては言うまでもないし、前者のアイデンティティ・ポリティクスに接近する第三波においては、本書でナンシー・フレイザーの「承認と再分配のジレンマ」のアイデアに依拠して論じたように、社会主義的な問題は後景に退いてしまった。そのこと自体、新自由主義のレジームにとっては願ったり叶ったりというところだ。

ただし、何度も強調しておきたいのだが、私は承認の政治と再分配の政治を対立項とみなして、再分配の政治（のみ）を重視すべきとは主張しない。そうではなく、この二つの政治が「ジレンマ」として現出してしまうような状況を解消し、この二つが矛盾なくフェミニズムの理論と実践を構成しうるような状況を夢見ているのである。その点で、第三波を「社会主義フェミニズム」とのみ結びつけることは、やはり大いに誤解を生むものだろうと思う。というのも、「現実に存在した社会主義フェミニズム」も無謬ではなく、とりわけ近年はトランスセクシュアルの政治に関して大きな問題を引きおこしているからである。

現在は第四波だとも言われるが、波の比喩は常に注意が必要で、私は一つの波が引いて別の波が来ているというイメージではなく、引いた波と押してくる波は部分的に同じ水で出来上がっているのであり、そのような残滓的なものと勃興的なものの境目のない流動的な押し引きのイメージを持つべきだと考えている。また海でよく観察してみれば、ひとつの波は複数の折り重なった波でできあがっている。つまり、第三波を過去形で、ひとまとまりのものとして記述可能だとみなすのではなく、記述しきれないあり得たはずの第三波を夢見ることは、現在のジレンマを解消するためにも必要であろうと思うのだ。そのような、今の私たちには見えていない第三波を、ここでは

「亡霊」と名づけてみた。その内実については「文庫版へのあとがき」でさらに論じたい。

さて、本章では感情労働やケア労働に焦点を当てたが、本書が出版された後にケアをめぐる出版と議論は非常に盛んになりつつあるように思われる。例えばケア・コレクティヴによる『ケア宣言――相互依存の政治へ』（翻訳二〇二一年）は、本章で問題にした、新たな資本主義とケア労働との関係、その基底にある感情構造としての相互依存の問題を論じるものであった。またとりわけ文学論の領域では小川公代の『ケアの倫理とエンパワメント』（二〇二一年）、『ケアする惑星』（二〇二三年）が、新訳の出たキャロル・ギリガン『もうひとつの声で』に依拠しつつ、ケアの観点から古今東西の文学を論じた。それは、現在の新自由主義的なレジームからは根本的にずれる主体性をケアの倫理のうちに見いだす試みであり、本書そして本章の議論と重要な対話関係にあると考えている。

第四章　母のいないシャカイのユートピア
──『新世紀エヴァンゲリオン』から『インターステラー』へ

スーパー家政婦、あらわる

前章では、『千と千尋』において、ケア労働が有償労働化されていく中でも、有償労働化され得ない依存労働が存在することをこの作品が匂わせて終わっていると論じた。坊が湯婆婆への依存から脱することは、湯婆婆が依存的な存在（千尋が呼びかける「おばあちゃん」）となりうることを示唆する。依存労働・ケア労働が有償化されていく中で、この作品はその外部を示唆しようとしたのである。

しかしわたしたちは、依存労働を有償化しようとすることが一種のユートピア衝動に突き動かされていることも、見逃してはならない。つまりそれは制度的な性差別主義を抱え持った福祉国家下の核家族体制（資本主義のシステムの一部としての家父長制）からの解放の衝動に突き動かされたものなのである。無償労働はけっして非資本主義的な労働なのではない。専業主婦の労働は、資本主義システムの重要な一部なのだ（ミース、ヴェールホフ）。つまり依存労働がもっぱら女性に押しつけられてきた体制からの解放の可能性を、有償の依存労働は持っている。しかしそれでもやはり、とりわけ二〇〇〇年代以降においては、この「解放」が新たな体制へと回収されたことを問題とせねばならない。依存労働の有償化の二面性を、つねに見据えなければならないのだ。それは資本主義と家父長制からのユートピア的離脱を志向するその一方で、ポストフォーディズム的なワークフェアへと回収されるものでもある。その新たなワークフェア体制においては、家事労働の外注・有償化（と同時にそのダンピング）が鍵となる。ケア労働の有償化の外部、つまり有償労働化され得ないケア労働とは、一方ではすべてを市場化する新自由主義の外部であるかもしれないが、他方では福祉国家における専業主婦の無償労働の残滓であるかもしれないのだ。

それをみごとに表現してみせたのは、前章で論じた『逃げるは恥だが役に立つ』であるし、また二〇一一年に日本テレビ系列で放映された、遊川和彦脚本のドラマ『家政婦のミタ』である。母が事故死（実際は自殺）したばかりの阿須田《あすだ》家。専業主婦の母がいなくなったために荒れ果てた阿須田家にやってくるのが、命じられたことはその飛びぬけた能力でなんでもやってしまう、家政婦の三田灯《みたあかり》である。しかしこの三田灯は、まるでロボットのようである。けっして笑うことはなく、命令に対して「承知しました」という決め台詞を無表情に放ち、それを正確無比に実行する。三田のエキセントリックな性格には、過去のトラウマ物語が用意されている。幼少期には、溺れた彼女を救おうとした実父が溺死し、母が再婚した継父には劣情を向けられ、さらには再婚後に生まれた異父弟である美彦《よしひこ》にもゆがんだ愛情を向けられてしまう。それでも結婚し、息子をもうけた三田であったが、美彦に逆恨みを受け、家に放火されて夫と息子を失う。その葬儀で実母と義父母に三田が向けられるのは、「お前が笑うと周りが不幸になる、死ぬまで二度と笑うな」という罵倒の言葉である。その命令に従って、三田は二度と笑わないことを決心したのだ。

この命令は、前章で論じた『魔女の宅急便』において主人公のキキに向けられた命令、つまり母親の「笑顔を忘れずにね」という、感情管理の命令の完全なる裏返しである。三田は、彼女に母親像を見いだそうとする阿須田家の子供たちに「わたしはあなたたちのお母さんではありません」とくりかえし言う。

ここに表現されているのは、一種のアイロニカルなユートピアである。家事労働から感情労働の要素を徹底的に消し去り、家事労働を文字通りにロボットによってまかなうという、ユートピアだ。そしてこのユートピアは、同時に、「母（専業主婦）が不在でも完全に成立しうる家族」というユートピア／イデオロギーでもある（注1）。
家事労働が有償化・外注化され、専業主婦という意味での母は不要となった家族。いったいわたしたちは、いかなる経路をたどってこのような家族の姿へと到達したのであろうか。今、ユートピア／イデオロギーと述べたが、スーパー家政婦という人物像は、おそらく現実の矛盾を想像的に解決するために召喚されたものである。その矛盾とは何だろうか？

『インターステラー』の母はなぜすでに死んでいるのか？

以上のような問題を設定してみると、近年のさまざまな物語が「母の不在」を前提もしくは出発点としているという奇妙な符合に気づかされる。不在というより、物語が始まる前に、母が文字通りに死んでしまっているという設定の頻出である。

たとえば二〇一四年に公開された、クリストファー・ノーラン監督の『インターステラー』。この作品はワームホールやブラックホールを通過する体験と、それにともなう時間旅行を科学的考証にもとづいて描き、それを観客に体験させるハードSF的な演出と、もう一方では主人公の宇宙飛行士クーパーとその娘マーフとの感動的な父娘愛を軸とする大作である（図版1）。

物語は、原因は不明であるが、砂嵐が起きて作物が育たなくなり、破滅しつつある地球を出発点とする。技師で飛行士であったクーパーは、現在は父親、娘のマーフ、そして息子とトウモロコシ農家をして暮らしている。マーフの部屋にもたらされた謎のメッセージを解読したクーパーとマーフは、地球脱出計画を進めるＮＡＳＡの所在を突き止め、クーパーはその計画に飛行士として参加することになる、というのが物語の序盤だ。この一家の母はというと、物語が始ま

図版１　『インターステラー』（販売元：ワーナー・ブラザーズ・ホームエンターテイメント）

注１　ただし最終的に物語は、三田が笑顔を取りもどし、阿須田家への愛を認めるという方向に収斂していく。三田は家族の一員となることはないけれども、それは阿須田家の死んだ母の妹であり、阿須田家の父恵一に思いを寄せる結城うららに、母の地位を与える（譲る）ためである。このように、物語自体は曖昧ながらも母を再導入することで家族の再生を描く。だが、本章にとってはこの物語の解決は一種の付け足しでしかない。重要なのは、本章で論じていく母の不在の系譜において、スーパー家政婦という形象が母の不在を補うというモチーフの歴史性である。

る前に死んでしまっている。劇中の台詞からすると、死因は脳腫瘍である。

同様の物語、とりわけディザスター（大災害）映画もしくはディザスター物語とでも名づけられる一群の物語の多くにおいて、やはり母がすでに死んでいるという符合をどう考えられるだろうか。ディザスター物語とは、何らかの要因（宇宙人そのほかの襲来、自然災害など）による世界の破滅を中心、もしくは背景とする物語を広く指している（注2）。たとえば、コーマック・マッカーシー原作、ジョン・ヒルコート監督で二〇〇九年に映画化された『ザ・ロード』はどうだろうか。この物語でも、読者／観客や登場人物には分からない理由で世界がとにかく破滅しようとしており、そのディザスターの中での親子（この場合は父と息子）の絆が描かれている。母親は、父と息子の放浪という物語の本体の前に姿を消している。死んだのかどうかも正確には分からないのだが、悲惨な状況でも生き抜かなければならないという夫に対して、希望を捨てて姿を消してしまっているのだ。

『インターステラー』（もしくは『ザ・ロード』）における母の不在は、前節で述べたような「母のいない家族というユートピア」のビジョンだと言えるのだろうか？　直接的にはそうだとは言えなさそうである。せいぜい言えるのは、後に述べるように、母の存在は父と娘、そして父と息子の濃密なつながりを可能にするために排除されているということである。だが、これらの不在はそれぞれの作品内部で説明するのではなく、「母の不在の系譜」上にこれらの作品を載せることで説明されるべきだろう。

『インターステラー』の元ネタは『コンタクト』なのか?

SF映画ファンであれば、『インターステラー』を観てまず思い出すのは『コンタクト』(ロバート・ゼメキス監督、一九九七年)ではないだろうか。一九八五年のカール・セーガンによる同名の小説の映画版である(図版2)。ジョディ・フォスター演じる主人公エリナー(エリー)・アロウェイはSETIプロジェクト(地球外知的生命体探査プロジェクト)にたずさわる科学者である。アレシ

注2　ディザスター映画と新自由主義およびグローバリゼーションとの関係については三浦玲一『村上春樹とポストモダン・ジャパン——グローバル化の文化と文学』(彩流社、二〇一四年)を参照。この本でディザスター映画とされているのは『タイタニック』『インディペンデンス・デイ』『アルマゲドン』といったハリウッドのブロックバスター映画であるが、原理的にはこれらの映画が共有するのは労働の消滅のイデオロギー(前章を参照)であり、また労働をめぐる社会の不在である。その意味では、ディザスター物語は本論であつかうほとんどの、日本のアニメや漫画も包含する範疇だと言える。

ボ天文台で調査をしていたエリーだったが、資金を打ち切られてしまう。エリーは独力でスポンサーを探し、プロジェクトをSF的だと言われたことに対して激高して大演説をぶつが、それが逆に気に入られて、富豪のハデンという人物の支援を受けることになる。そうやって始まったニューメキシコでの調査で、彼女はおりひめ星としても知られる恒星ヴェガからの電波信号をキャッチする。ハデンの助言によりその電波信号を解読してみると、それはヴェガへの転送装置(一人乗り)の設計図であることが判明する。ここから事態は奇妙な展開を見せる。地球外知的生命体の存在の可能性に、政治だけではなく宗教団体やカルト団体、そしてハデンの代表する経済界などがそれぞれの思惑で動き始め、混乱を来すのである。結局、装置の乗組員の最終選考で、エリーの上司ドラムリンが乗組員の座を獲得。しかしカルト宗教家の自爆テロにより装置は破壊され、ドラムリンは死亡してしまう。ところがハデンは秘密裏に北海道で転送装置の第二号を建造していた。それに乗り、ワームホールを通ってヴェガへと向かうエリー。ヴェガからさらに転送されたエリーは自分が子供の頃に描いた浜辺の幻想的な情景の中で、死別した父に出会う。しかしそれは異星人の作りだしたイメージであった。その異星人はこのような形で知的生命体とのコンタクトを取っているのだと父のイメージに伝えられ、エリーは地球に戻る。しかし、戻ってみると、地球ではエリーが出発してからまったく時間が経っていなかった。エリーのカメラにはノイズしか映っていない。結局エリーの記憶は妄想であるということになる。しかし後に、エリーのカメラは十八時間作動していたことが判明する。

少々長めにプロットをまとめたが、『インターステラー』との共通点はこれだけでもあきらかだろう。地球外知的生命体との接触、ワームホールを通過する宇宙旅行、父と娘の結びつき（幼少時代の、エリーを天文学の道へと導いた父との思い出はたっぷりと描かれる）。そしてなにより重要なのは二点、科学者の娘と、死んだ母というモチーフである。

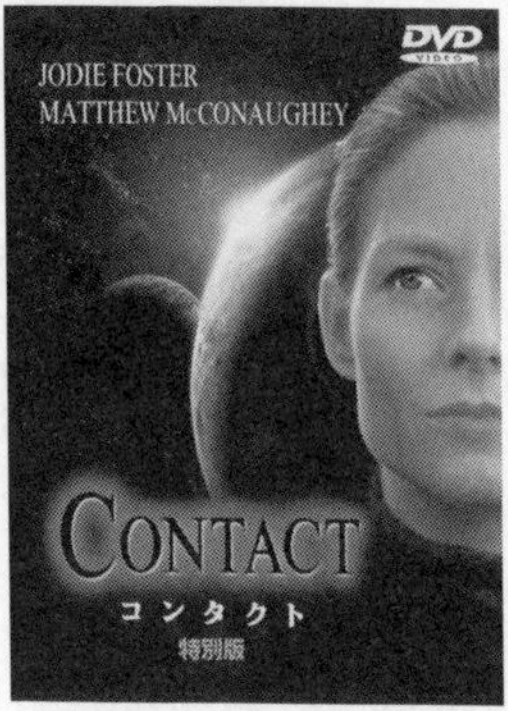

図版2　『コンタクト』（販売元：ワーナー・ホーム・ビデオ）

前節では取り立てて強調しなかったが、『インターステラー』の娘マーフは、父がブラックホール付近へと宇宙旅行しているあいだに（相対的に早く歳を取って）科学者となり、まさに『コンタクト』のエリーのように「地球外知的生命体」からのメッセージを解読し、人類を救う。そして、先ほどのプロットからは割愛したが、『コンタクト』におけるエリーの母は、これまた、物語より前に（エリーを出産した際に合併症で）死んでしまっている。

この符合は何なのか。単に元ネタであるという説明以外の説明は可能だろうか。

可能である。しかしここで主張したいのは、『インターステラー』と『コンタクト』は、こういった類似性にもかかわらず、正反対の映画だということだ。この二つの映画は、女性と職業、そして母性という問題について、同じ問題領域を共有しつつ、完全に逆の作品になっているのだ。

その問題領域とは何かといえば、一言で表現すれば女性科学者と母というものであり、それと関連する、社会の存在／不在という問題である。

『コンタクト』と新自由主義のシャカイ

『インターステラー』と『ザ・ロード』という二作品には、母の不在とディザスター以外の共通点がある。それは一言で言えば、社会が描かれないことだ。『ザ・ロード』はそもそも社会（文明）が失われた世界を舞台としているのだが、それ以上に、作品の主題的な関心が、社会の再建や共同体の形成という方向には向かわず、壊滅的な状況における人間の倫理（とりわけ人食いをするか否かという倫理）と、せいぜい家族の絆の問題に向かっていることが重要である。

『インターステラー』では、宇宙旅行のリアリティの追求に比較して、地球上の社会の全体像を描こうという努力ははなから放棄されているようにさえ見える。なんといっても、人類を遠い銀河に送って移住地を探すという大プロジェクトを行うＮＡＳＡがいったいいかなる資金源と組織に支えられているのかは、映画の冒頭でアメリカ軍が（したがっておそらく国民国家そのものが）もはや存在しないことが示唆されているがゆえに、なおさら謎のままなのである（ＮＡＳＡの資金については、学校の先生による、「お金はもう大学には使われていない」というとってつけたような伏線はあるが）。この映画では、地球上に存在するのはクーパーの農場とＮＡＳＡの秘密基地だけなのだ。社会は、存在しない。

それと比較したときに、『コンタクト』は、むしろ、社会しか描いていないとさえ言える。作品の主題は、地球外知的生命体の存在そのものというよりは、その存在に直面した際の人類の反応である。その反応は、最終的には宗教と科学という（いかにもアメリカ的な）主題へと収斂していくのだが、その過程で描かれる、科学者たち、政府、宗教家、カルト集団、財界といったもののヘゲモニー闘争は、『インターステラー』には不在である。

この、社会の存在と不在の差異は、エリーとマーフという女性科学者像の違いに直接表れることになる。『コンタクト』のエリーは痛快なフェミニズム的人物である。科学的真実を追究する自分の信念のためなら、上司や政府の高官に対してであっても毅然と反論する。また、これは後で非常に重要なポイントとなるが、エリーは自分の性を自己決定できる。物語の序盤で、エリーはアレシボ天文台で出会ったキリスト教哲学者であるパーマー・ジョス(『インターステラー』のクーパーを演じたマシュー・マコノヒーが演じている)との一夜かぎりのセックスをする。だがアレシボ天文台を去るにあたっては、エリーはジョスの電話番号のメモを捨てていくのである。職業のために愛をあきらめる苦渋の決断といった風ではない。自分の性も、職業も、毅然と自分で選択する。エリーは言ってみれば第二波フェミニストだ。科学という男社会でみずからの力で道を切り開き、自分の人生を選択できる力強い女性。だが、同時に彼女はポストフェミニストである。

というのも、『コンタクト』が社会を描いていることと、エリーのこの人物像は深い関係にあるのだが、その際の「社会」とはけっして全体的な社会ではないのだ。それは、新自由主義的な社会像である。なぜなら、地球外知的生命体からのメッセージを受信し、それを解読する過程において、エリーは政府からの援助をカットされたり、政府のチームから排除されたりしながらも、独力で私企業(富豪のハデン)の資金を獲得し、「真実の追究」をつづける。この、無能な政府・官僚制度に対する有能な個人という図式は、たとえば、『コンタクト』と同じ一九九七年に日本で大ヒットしたドラマ『踊る大捜査線』と完全に同型である。はたまた、二〇一二年から二〇一六年に、第四期まで〔その後、二〇二一年の第七期まで〕放映されて人気を博しているテレビドラマ『Doctor-X 外科医・大門未知子《だいもんみちこ》』はどうだろうか。天才的なフリーランスの外科医と、官僚的で非効率な「白い巨塔」としての大学病院という構図。この構図のうちの官僚的体制に挑戦する個人の位置を、常に不機嫌で「医師免許がなくてもできることはやりません」と、感情労働の一切を拒否し、しかし前をはだけた白衣の下は常にミニスカートやホットパンツで女性性を前面に押し出すポストフェミニスト的人物が占めていることはどうだろうか。

これを、この後述べる「セカイ系」をもじって「シャカイ系」とでも名づけてみたい。エリーのフェミニスト性は、反官僚という点で新自由主義的なものに合流している。『コンタクト』は確かに社会を描くが、それは新自由主義的な個人が最大限に活躍する環境としてのシャカイにすぎない（注3）。それは、警察官僚機構や大学病院を「リアリズム」的に描くテレビドラマについても同断である。

それに対する『インターステラー』のマーフは、まったく別の意味で新自由主義的だと言える。つまり、マーフもまた真実を追究して人類を救うヒーローではあるのだが、その能力はエリーのように反官僚的な信念と行動から生ずるものではない。その能力は父とのつながりから生ずるのであり、その父とのつながりは、まさに社会の不在（そこにはシャカイでさえも存在しない）が可能にしているのだ。

セカイ系としての『インターステラー』

『インターステラー』には社会は存在しない。社会は存在しないが、父と娘の非常に濃密なつながりは存在し、しかもそれが世界を救う。この構造は、日本のわたしたちにとっては（そして日本のアニメ文化に親しんだ世界の人たちにとっては）非常に慣れ親しんだものであろう。そう、「セカイ系」の構造である。

セカイ系とは、二〇〇二年ころにインターネット上で発生したとされる言葉で、一九九五年から九六年に放映されたテレビアニメ『新世紀エヴァンゲリオン』をそのひな型とする作品群を指す言葉である。代表作として常に挙げられるのは、新海誠のアニメ映画『ほしのこえ』（二〇〇二年）、高橋しんの漫画『最終兵器彼女』（二〇〇〇〜二〇〇一年）、秋山瑞人の小説『イリヤの空、UFOの夏』（二〇〇一〜二〇〇三年）である。東浩紀による定義では、セカイ系とは「主人公と恋愛相手の小さく感情的な人間関係（「きみとぼく」）を、社会や国家のような中間項の描写を挟むことなく、「世界の危機」「この世の終わり」といった大きな存在論的な問題に直結させる想像力」のことである（東、九六頁、また、「セカイ系」についての包括的な議論は前島を参照）。『インターステラー』は、セカイ系である。前節で述べたように、『インターステラー』は、社会を描かない。その代わりに、人類を救うのはマーフとクーパーという「きみとぼく」の濃密なつながりである。そこには『コンタクト』的なシャカイさえも存在しない（ちなみに、最後にはマーフとクーパーの「きみとぼく」関係は解除されるのだが、それは遠い銀河の惑星でひとりクーパーを待つ、アン・ハサウェイ演じるアメリアとの「きみとぼく」関係へと置きかえられる）。

注3　この後にも触れる宇野常寛の言う決断主義は、一九九〇年代のセカイ系的な引きこもりではなく、いわば社会に参加してそこでサヴァイヴをしなければならないというゼロ年代の感性のことであるが、そのような社会は、ここで造語したシャカイにすぎないのではないかという疑念は検討の余地があるだろう。シャカイとは競争のための環境であり、後期新自由主義におけるワークフェア社会のことでもあると考えれば。宇野常寛『ゼロ年代の想像力』ハヤカワ文庫、二〇一一年。新自由主義が、競争のルールを設定する国家に依存したものであることを論じた研究書としては、William Davies, *The Limits of Neoliberalism: Authority, Sovereignty and the Logic of Competition*, revised edition, London: Sage, 2017を参照。

ここで提示したい仮説は、『インターステラー』がセカイ系であることと、マーフの女性科学者（女性と科学者）としての人物造形に深い関係があるということだ。その人物造形の核心は、マーフが、専門職業人としての女性科学者であることと、母となることとのあいだに矛盾をかかえていない、ということである。あくまで映画の視点上では、マーフがクーパーからのメッセージを受け取り、クーパーがマーフと再会するまでのあいだ、つまり独身の女性科学者であるマーフと、大家族に看取られながらこの世を去るマーフとのあいだに起きたことは描かれない。

このことは、『インターステラー』という作品だけを見るにあたっては、取り立てて論ずるほどのことではないように思われるかもしれない。しかし、『インターステラー』をセカイ系の作品として見るにあたっては、この「女性科学者から神話的な母へ」という跳躍は非常に重要なモチーフとなるのである。ここで念頭にあるのは、セカイ系の元祖とも言うべき、『新世紀エヴァンゲリオン』（以下『エヴァ』）である。『エヴァ』もまた、母の不在の物語である。というより、ここまで論じた作品における母の不在のモチーフの元祖が『エヴァ』であると断言したい誘惑にさえかられる。しかし、あらゆる元祖がそうであるように、『エヴァ』における母の不在は以後の同系統の作品よりも深い矛盾にさらされている。

まず、『エヴァ』における母といえば、主人公の碇《いかり》シンジの母、碇ユイが注目されるだろう。碇シンジは、エヴァンゲリオンという巨大ロボットならぬ人造人間に乗って、使徒と呼ばれる謎の生命体と戦うことを強いられる。このエヴァンゲリオンは、搭乗者の精神がシンクロすることによって操作される。搭乗者はエントリープラグと呼ばれる操縦席のユニットに搭乗するが、そのエントリープラグはLCLという液体によって満たされており、このLCLは血の匂いがすると登場人物は何度か述べている。さらに、エヴァンゲリオンは外部からの電源の供給が必要で、その電源コードの名前はアンビリカル・ケーブル。もちろん臍の緒（umbilical cord）を連想させる用語である（ただし、umbilical cord は宇宙飛行士や潜水士の命綱、供給線や発射前のロケットの供給線の意味ですでに使われている言葉なので、特別な造語とは言えないが）。

要するに、エヴァンゲリオンのコクピットは子宮のイメージなのである。そして実際に、シンジの乗る初号機には、母の碇ユイの魂が宿っている。科学者でエヴァンゲリオンの開発にたずさわった碇ユイは、起動実験のパイロットとして搭乗した際に、事故によってエヴァンゲリオンに取りこまれてしまったのである。

ここから、つまり主人公の碇シンジとその不在の（しかし亡霊もしくは女神のように存在している）母との関係から、母性のディストピアを論じた宇野常寛は、まずは正しい（二四五〜二四六頁）。宇野は、『エヴァ』を、「主人公・碇シンジの周囲に「成熟（ロボットに乗ること）を強要する父親」と、そのロボットに憑依した母親の霊魂、つまり「成熟を阻み、胎内に取りこもうとする母親」を配置し、後者が前者をやがて圧倒していく過程を「人類補完計画」として描き出した」作品であるとまとめている（二五二頁）。人類補完計画とは、テレビシリーズではその問題含みの結末のためにきっちりと描かれることはなく、解釈は分かれるところであるが、その後の映画版（『新世紀エヴァンゲリオン劇場版 Air／まごころを、君に』（一九九七年））の結末では人類がみな液状化し、ひとつの生命へと還る様子が描かれており、宇野はそれを母の胎内へと還ることと同等のものとみなしているのである。

本論の文脈からこの読解に異を唱えるとするならば、それはあくまで主人公の男の子の視点を中心とする読解であるということだ。『エヴァ』がセカイ系の元祖であるとして、それはシンジと、同級生のパイロットである綾波レイとのきみとぼく関係（後に述べるように綾波レイは碇ユイのクローンなので、このきみとぼく関係は母子関係と区別がつかないのだが）を、「人類」とショートカットさせるものであるからだ。

言いかえれば、宇野のような読解におけるセカイ系は、一般原理として、そのような「ぼく」の視点からの女性嫌悪《ミソジニー》を含み込んでいる。宇野が指摘するセカイ系のレイプ・ファンタジーとは、まさにこのミソジニーのひとつの顔なのである。きみとぼくという関係は強烈な愛であると同時に憎しみの関係でもある。この関係の中で女性は他者化され物象化される。つまり、現実の女性や現実の母とはかけはなれた観念へと変化させられる。

しかし、この作品にはほかにも重要な不在の母の物語があるとしたら、どうだろうか。その点を論ずることで、セカイ系の元祖たる『エヴァ』は、そのようなセカイ系の原理からはみ出す存在だったとは言えないか。

『エヴァ』とナウシカのポストフェミニズム

そこに注目して『エヴァ』を論じたのは村瀬ひろみである。村瀬は『エヴァ』を「女の子の成長物語」（八〇頁）としても読む可能性を指摘しつつ、葛城《かつらぎ》ミサト、赤木リツコといった「大人の」（前者は二十九歳、後者は三十歳）女性たちのリアルさを評価している。

本論ではこの二人のうちでも特に後者の赤木リツコに注目したいのだが、その前に、村瀬の議論に本書で使ってきたポストフェミニズムという言葉を導入してその議論をとらえ直すことを提案したい。

葛城ミサトと赤木リツコの二人は、前者はエヴァンゲリオンで戦う特務機関ネルフの戦闘指揮官、後者は同じ組織で技術開発をする科学者であり、両者とも専門職のエリート職業人である。しかし、二人はラディカル・フェミニズム的な人物像とは一線を画している。村瀬が二人の服装に注目しているのは、その点で慧眼だ。曰く、「エリートのキャリア女性が「男並み」ファッションを志向していたのは雇用機会均等法の前まで」であり、「肩パッドの入ったメンズ仕立ての服に身を包み、さっそうと歩くというキャリア女性のイメージは八〇年代半ばにはすでに時代遅れになっていた」のである（八五頁）。そうではなく、現代の女性は、女性性を前面に出しつつ、戦う。ミサトとリツコのミニスカートは、一方ではもちろん視聴者サービスであるのかもしれないが、それはそのような新たな働く＝戦う女性像を表しているのだと村瀬は論じる。

まさにそのことが、この二人がポストフェミニストたるゆえんである。たとえばロザリンド・ギルは、ポストフェミニズムにおいて、女性の身体性とセクシュアリティが、管理され活用されるべき重要な武器となったことを論じている（Gill pp. 155-156）。ここから生じてくるのが、『美少女戦士セーラームーン』や『プリキュア』シリーズといった、女の子が女性性を保持しつつ（というより変身することによってむしろ女性性を高めながら）戦う、戦闘美少女ものである。ミサトとリツコの二人は、三十歳前後という年齢ゆえによりリアルな、戦闘美少女＝ポストフェミニストなのだ。先に述べた、白衣にミニスカートの大門未知子はまさにそのようなポストフェミニストの一変奏である。

さて、赤木リツコに注目してみよう。彼女の母もまた、物語が始まる前に死んでいる。リツコの母赤木ナオコは、ネルフのスーパーコンピュータであるマギシステムの生みの親である。このシステムは、三つのコンピュータの合議制をとったシステムであり、赤木ナオコはその三つのシステムに、自分の三つの人格、つまり科学者、母、女としての自分の思考パターンを移植したという（第拾参話「使徒、侵入」）。ナオコはネルフの司令官でシンジの父である碇ゲンドウの愛人であったが、碇ユイのクローンである綾波レイに「あのおばさんは用済みだ」というゲンドウの発言を伝えられ、逆上してレイを殺した上に自殺してしまう。赤木リツコは、母親を反復するかのようにゲンドウと関係を持ち、最終的にはゲンドウに裏切られて死んでいく。

結局のところ、赤木リツコは理想的なシャカイ系ポストフェミニストになりそこねた人物なのである。理想的なポストフェミニストになるためは、職業と、女であることと、そして母であることとのあいだに矛盾や葛藤をかかえてはならない（シャカイ系の多くはそもそも母にはならないことでそういった葛藤を避けるが)。マギシステムはそれを象徴している。平たく言えば、専門職業人の女性が恋愛をし、母となることの困難は、赤木ナオコとリツコの母娘においては、母の世代でも娘の世代でも解決しないのだ。

ところが、『エヴァ』という作品には理想的なポストフェミニストが、いる。それは碇ユイである。理想的ポストフェミニストとはすなわち、いわゆる「すべてを手に入れた(have it all)」女性である。彼女は科学者であること、女であること(碇ゲンドウの妻となること)、そして母となることのあいだの矛盾に苦しむことはない。それがどうやって可能になっているのかと言えば、一方ではユイの性格のせいでもあるが、最終的には、彼女が死んでしまっていることによってである。彼女は、村瀬も指摘するように、死んでエヴァンゲリオンと一体化することによって、いわば神話的な母の地位におさまっているのだ。

この女性科学者から神話的な母への跳躍こそ、碇ユイと『インターステラー』のモチーフをつなぐモチーフである。そこでの問題は単純に、それが神話的であるということだ。つまり、女性科学者が母になることをめぐる現実上の矛盾が想像的に解決されているということだ。言いかえれば、碇ユイはシャカイ系のポストフェミニスト(エリーや大門未知子）になることなしに、そういった矛盾を解決することに成功しているのである。

しかしここでもまた、想像的＝イデオロギー的な解決の根底にあるユートピア衝動を見据えなければならないだろう。つまり、本論の最初に提示したような、母のいない完全な家族――それは、母からの解放であると同時に母の解放である――へのユートピア衝動である。しかし、『インターステラー』や『コンタクト』では、そのような衝動を『エヴァ』と共有しつつも、最終的には専門職業人の女性が母となることをめぐる矛盾はそれぞれの方法できれいに消し去られている。それに対して、『エヴァ』ではすくなくとも赤木リツコや葛城ミサトという形で、ポストフェミニズムの苦境が描き出されているのだ。

ところで、碇ユイがそのような苦境を想像的に解決する手段には、クローンもしくは人造人間というモチーフも含まれる。先に述べたように、ユイが母になることとは、碇シンジの母になることだけではなく、むしろ彼女のクローンである綾波レイの母になることを意味しているからである。つまり、そこには、セックスなき生殖――もしくは分娩＝労働（英語ではいずれもlabor）なき生殖と言ってもいいだろうか――というユートピアのビジョンが示されているとも見得るのだ。村瀬は問うている。「母と

してのユイと、娘としてのレイは、果たして新世紀の母と娘たりうるのか？」（一〇二頁）

ここで、このクローン技術とも関連する、もう一人の神話的女性科学者＝母の形象を、日本のポピュラー・カルチャーの中から指摘しておく必要がある。それは宮崎駿の漫画『風の谷のナウシカ』の主人公ナウシカである。ここでは映画版ではなく、あくまで漫画版を論じたい。あまり意識されないことかもしれないが、ナウシカはまずなによりも科学者である。彼女の生きる世界は、火の七日間と呼ばれる最終戦争の後に生じた、腐海と呼ばれる猛毒の瘴気を吐く植物の樹海に覆われており、人間は腐海に飲み込まれていないわずかな土地を争って生きている。ナウシカは、誰よりも早くこの腐海の真実に気づく。つまり、腐海の植物を清浄な水で育てた場合には瘴気を吐くことはないという科学実験から、腐海は汚染された土壌を浄化しているという真実に気づくのである（ただし、この真実の裏側にはもうひとつの真実が隠されており、ナウシカはそれにも到達する）。

ナウシカは、女性科学者である。また、これについては第五章でより詳しく論じるが、官僚組織（古代人類の科学者組織）に立ち向かうシャカイ系である。そして同時に彼女は、物語の終盤に母になる。火の七日間を引き起こした巨神兵と呼ばれる人型の巨大兵器に、オーマという名をつけ、その母となるのである。女性科学者のナウシカはセックスをしないままに、理想的な母となっている。ナウシカの母性に関しては、宮崎駿自身の証言に耳を傾ければ十分かもしれない。宮崎によれば、ナウシカの胸が大きいのは、「子どもに乳を飲ませるだけ」ではなく「あそこにいる城オジやお婆さんたちが死んでいくときにね、抱きとめてあげるためのね、そういう胸なんじゃないかと思ってるんです。だから、でかくなくちゃいけないんですよ」ということだ（『ジブリ・ロマンアルバム　風の谷のナウシカ』八三頁）。

ただし、ナウシカという神話的な母の形象にも、矛盾が存在しないわけではない。それは、物語の終盤、第七巻で唐突に（とわたしには思えるのだが）挿入されている、ナウシカの母についての挿話である。母は十一人の子供を産んだが育ったのはナウシカだけであったと述懐した後、ナウシカは「母は決して癒されない悲しみがあることを教えてくれましたがわたしを愛さなかった」（第七巻、一一九頁）と語る。このナウシカの母の形象を理解するにあたっては、ナウシカとその母の母娘関係という観点から解釈してはならないだろう。ナウシカという理想的母の形象と、ナウシカの母という子供を愛さない母の形象は、「母」一般に対する願望とその裏返しの恨みが分裂して形象化されたものだと考えるべきだろう。飛躍を恐れずに言えば、ナウシカの母の形象には、赤木リツコとその母が抱えた苦しみがこめられていはしないか。それが正しいとすれば、ナウシカという理想的な母性――生殖なき母――の形象は、そのような苦しみと矛盾を排除した上で成り立っているということができる。

そのようなわけで、作品としては矛盾のありかを指し示しつつも、ナウシカという人物は女性科学者でありつつ理想的な母である。男女雇用機会均等法制定前夜に連載が開始された『風の谷のナウシカ』の主人公は、専門職業人となりつつ、なおかつ母になるというポストフェミニズムの理想を、神話的な水準において（ナウシカは預言された存在である）、いちはやく提示していたのである。その理想像は、『エヴァ』の碇ユイ、そして『インターステラー』のマーフへと引き継がれていったのだ。そのように引き継がれていく過程で、『ナウシカ』や『エヴァ』には垣間見られた矛盾は消去されていった。

最初に提示した問題、つまり母の不在の系譜とは何だったのだろうか？　一方では、母の死は母を神話的存在へと格上げするための手段であった。碇ユイがその典型である。ただしその陰でそれとはまったく別物の母が不在であることを指摘しなければならない。その場合に不在である母とは、ナウシカ＝碇ユイ＝マーフという系譜に体現される神話的な母性から排除され、さらにはシャカイ系ポストフェミニズムの女性像からも排除された母ということになるだろう。この神話は現実の矛盾を隠蔽している。その矛盾とは、高学歴・専門職業人であることと母となることのあいだの矛盾であり、その矛盾の解決の方法のひとつである家事労働の外注化がはらむ、女性労働力の搾取の問題である。またそれは、大門未知子がフリーランスの天才外科医であると同時に、(同僚の男性医師の呼び方では)フリーター、つまりそのスキルがなければいつでも首を切れる非正規労働者であることにも表れた矛盾であろう。そして、これらの矛盾をめぐる経験を「女の」「わたしたちの」経験と言えない苦境である。

わたしは『家政婦のミタ』がユートピア的であると冒頭で述べた。それが意味するのは、この作品が感情労働をしないスーパー家政婦を導入することで、神話的な母性の問題も、また無償の依存労働がともなう苦しみも問わなくて済むような家族像を実験的に示すということである。残念ながら、と言うべきか、この実験的家族像は、ナウシカたちの神話的母性と同様に空想《ユートピア》的である。三田のもうひとつの決め台詞、「それはあなた(たち)が決めることです」と突き放す言葉、つまり新自由主義的な自己責任における選択を迫る言葉は、その家族に突きつけられたままなのである。選択によってもたらされるかもしれない悲劇的な結果は、隠蔽されているのだ。

コーダ1　AIの文学史の可能性──『ひるね姫』と『エクス・マキナ』

本章はふたつのコーダで締めくくりたい。まずは本章の議論を別の切り口からとらえると、AI（人工知能）の文学史とでもいうべきものの可能性が開けるということを指摘しておきたい。というのも、近年のAIものの傾向を見ていると、そこにはたとえば本章で『家政婦のミタ』に見いだしたような、家事労働やケア労働をめぐるユートピア衝動が中心にあることに気づかされるからである。逆に、本章であつかったさまざまな作品は、かならずしもAIが登場はしなくとも、「AI文学」としてとらえ返せる可能性を秘めている。AIの文学史はこういった作品も含んだものになるだろう。これについては改めて批評書を書ければと思っているが、ここでは簡単に概要を記しておきたい。

近年の作品でAIとケア労働や愛情労働の問題を検討する作品としては、たとえばアニメ映画の『イヴの時間』（完全版が映画として二〇一〇年に公開）、映画の『her／世界でひとつの彼女』（二〇一三年）、『エクス・マキナ』（二〇一五年）がある。もちろんそれ以前にもAIや、AIという言葉を使わなくともロボットを主題とした作品の多くが、人間と機械との境界線を問題にしつつ、機械と労働にまつわる倫理を問題にしてきた（たとえば手塚治虫の『鉄腕アトム』）。だが、近年の作品には前章と本章で論じたような、現代におけるケア労働の独特の問題が刻印されているだろう。

直接にケア労働を主題化はしないけれども、本章の議論に強く響き合う作品としては、二〇一七年公開のアニメ映画『ひるね姫～知らないワタシの物語～』がある（ちなみにこの作品は、ご当地アニメの最新版としても注目され、ご当地アニメ史が書かれるならその最新作品となるであろうが、これについても別論を待たねばなるまい）。『ひるね姫』の主人公森川ココネは、二〇二〇年の岡山県倉敷市に暮らす高校三年生。彼女はいつも昼寝をしては、同じ夢を見ている。その夢の中では彼女は、ハートランド王国という工業国の姫エンシェンとなるが、彼女はタブレット（後に述べる父親のタブレットと同じもの）を使って魔法を使い、機械に命を吹き込むことができるため、姫でありながらガラスの塔に幽閉されている。鬼と呼ばれる巨人の襲撃を受けている王国は、エンジンヘッドという巨大ロボットでそれに対抗している。

現実世界では、ココネの父であり、自動車修理工であるモモタローがある日突然に警察に拘束される。画面の割れたタブレットを父に託されたココネは、怪しい男たちに追われる身となり、幼なじみのモリオに助けられながら逃避行をすることになる。以下、夢と現実が複雑にからまりあうプロットを単純化すると、そのタブレットは死んでしまったココネの母イクミの形見であり、その母は大手自動車会社の志島自動車の会長の娘で、有能な人工知能の開発者であったことがあきらかになり、ココネを追う男たちは、志島自動車の社員であり、迫るオリンピック開会式での自動運転の自動車を完成させるためにタブレットの中のデータを狙っていたということが分かる。

この作品でまず興味深いのは、旧来的な工業生産品と、AIのプログラムを付与された機械との質的な差異の表象である。夢の中のハートランドでは工業技術と魔法との差異に置きかえられることで、その差異が強調されている。AIは従来の技術の延長線上にあるものではなく、質的にパラダイムの違うもの（魔法）として表象される。それにくわえて興味深いのは、その人工知能を開発するのが物語の前にすでに死んでしまっている科学者の母である、という点である。母のイクミは、おそらく自動運転自動車の実験で事故死している。そのことは、エンドクレジットの回想場面から推測するしかない。実際に表象される母の死は、夢の世界での鬼の襲撃による死であるが、鬼が象徴しているのが科学技術の失敗であるならば、イクミは技術の失敗によって死んだということになる。それはともかく、彼女の死はまさに、『エヴァ』における碇ユイと同様である。ただし『ひるね姫』が『エヴァ』とは異なるのは、物語全体が、母イクミと、その母を赤ん坊の時に失ってしまったココネとのあいだに、母娘関係が結ばれ直すことを主題とする（そしてこれはユイとレイの不可能なる母娘関係とはずいぶん趣を異にする）点である。高校三年生のココネは最後の場面で、母のような開発者になるために東京の大学に進学したいということをほのめかす（ここでご当地アニメとしての設定が効いてくる）。映画の冒頭においては、家事を全然しない父のために美味しそうな朝ご飯を慣れた手つきで作るココネが、科学者を、専門職業人をめざすようになるという成長物語が『ひるね姫』の本体である。途中でココネはかなり簡単な漢字を読めないことが判明するので、そのためには相当のお勉強が必要になりそうではあるが。それはともかく、このフェミニズム的成長物語に、縦糸として、人間の仕事を肩代わりする人工知能というモチーフが縫いこまれていることが決定的に重要である。

フェミニズムの観点から見てもっともラディカルなＡＩものの映画が、『エクス・マキナ』だ。この名作は日本で公開されるのは遅れ、しかも限られた公開しかされなかったが、非常に重要な作品である。『エクス・マキナ』についてはじっくりと別論したいと考えているのでここでは詳しくは論じない。ただ、この作品が、やはり家事労働やケア労働、そして愛情労働とＡＩの関係を描きつつ、最後にはＡＩそのものがそういった労働から解放される様を鮮烈な形で描いており、凡百のＡＩ反乱ものとはまったく強度の違う作品であることは指摘しておきたい。

コーダ2　矛盾の回帰？――『ゴーン・ガール』と『WOMBS』

本章では、専門職業人が母になることの矛盾を描きつつ、その矛盾を抹消していった作品の系譜を追ったが、想像的な解決によって隠蔽された矛盾は、なんらかの形で回帰しないではすまされない。最後に、この矛盾の回帰を強烈な形で劇化した作品を二つ紹介しておこう。ジリアン（邦訳ではギリアン）・フリンの二〇一二年の小説を原作とするデイヴィッド・フィンチャー監督のスリラー映画『ゴーン・ガール』（二〇一四年）である。

物語はニックとエイミーという夫婦を主人公とする。二人ともニューヨークでライターとしてかなりの収入を得ていたが、出版不況のあおりで失業し、さらにはニックの母が癌を発症し、二人はニックの田舎であるミズーリ州に引っ越している。二人の結婚五周年の記念日に事件は起きる。ニックが家に戻ってみると、争った形跡を残してエイミーが失踪しているのである。エイミーはもともと、作家である親が書いた、『完璧《アメイジング》なエイミー』という児童書のモデルとして有名な人物であり、その失踪はメディアで大々的に報じられることになる。ところが、捜査が進むにつれて、家庭内暴力やカードでの借金などニックにとって不利な（しかし身に覚えのない）証拠が出てきて、ニックが容疑者となってしまう。

真相は、エイミーはみずから姿を消して、ニックの浮気に対する復讐のため、ニックによる彼女自身の殺人を演出して（最終的には自分も死んで）ニックを死刑に追い込むという、「完全犯罪」を企図していたというものであった（この「真相」があきらかになるのは物語の中盤であり、『ゴーン・ガール』の真骨頂はその後の展開なのだが）。

この映画が基本的に表現しているのは、高学歴女性（エイミーはハーバード大学を出ている）が専業主婦となり母となる（ことを強いられる）際の苦難である。エイミーはニューヨークの生活を愛していたし、経済力という点でも夫のニックよりあきらかに上である。しかしニックの母の看病という一種の依存労働のために田舎に引っ込んで専業主婦となることを強いられる（ちなみに、ニックの父も序盤で姿を現し、どうやら認知症で施設に入っている。このように、この映画に介護という問題が描き込まれているのは重要である）。ここで、エイミーだけでなくニックも、そしてニックの双子のゴーについても、失業を経験していることが重要だろう。エイミーとニックはメディア産業、ゴーは原作ではIT産業を経て金融産業で鳴らしていたのが、みな（前者二人は出版不況で、ゴーは二〇〇八年の金融危機で）失業をしてニューヨークから都落ちしているのである。いわば、三人とも新自由主義的なシャカイの敗者である。そしてその敗北は、エイミーにとっては、非常に保守的な田舎での専業主婦の立場に甘んじなければならないという罰に結果する。さらに、原作の小説版を読むと、この物語が二〇〇八年の金融危機、そしておそらく二〇一一年の「ウォール街を占拠せよ」運動以降の、後期新自由主義の世界を舞台としていることが分かる。ニックとエイミーが移り住む新興開発の宅地は、空き家だらけで、近所に住んでいたシングルマザーが住宅ローンを払えずに姿を消したことなどが描写されている（Flynn pp. 30-31）。

エイミーの完全犯罪は、表面的にはニックの浮気への復讐である。しかしべつの水準では、ナウシカや碇ユイ、マーフにおけるように理想的に解決されることはけっしてないポストフェミニストの矛盾を、完全犯罪という形で解決しようとしたのだとも言える。そしてなんと言っても、ここでも、物語を閉じるのがセックスなき生殖であることは、偶然の一致ですまされるだろうか。エイミーは精子バンクに保存されていたニックの精子を使って妊娠し、メディア上では幸せな夫婦の再建を演出してみせるのだ。エイミーは本論で登場した神話的母親たちのように、セックスを介さずに生殖をする。ただし、大きな差異は、彼女が過剰にセックスをした上でそのような生殖をすることであろう。そして彼女は、メディア上で神話的な母となるのだ。このすべてを、彼女はコントロールしている。性の自己決定のこのグロテスクなまでの戯画――とはいえ、エイミーを単なるファム・ファタールとして見ることも、映画によってあらかじめ禁じられていると思うのだが――を、わたしたちはどう受けとめればいいのだろうか。

最後に紹介したいのは、白井弓子の漫画『WOMBS《ウームズ》』である。この作品は、ナウシカ以来の系譜、つまり戦闘美少女に象徴されるキャリア女性であることと、母となることのあいだの理想的な統合の系譜を、悪趣味なまでに突き詰めたものである。この漫画においては、母であること（妊娠をしていること）自体が、文字通りに戦いの武器となる。舞台は碧王星という架空の星。ここに人類が移住しているのだが、第一次移民と第二次移民とのあいだでは長年にわたる戦争がおこなわれていた。第一次移民の軍隊には女性だけで構成された特殊部隊がある。その部隊は碧王星の先住生物ニーバスの体組織を子宮に移植することで、ニーバスの能力である空間転送を行えるようになった女性たち（転送兵）の部隊なのである。

生物学的には違うと作中では何度も強調されるのだが、この戦士たちは妊婦そのものだ。この戦う妊婦という新たな戦闘美少女（もはや美少女と言っていいのかどうかわからないが）は、奇をてらった設定というわけではない。転送兵という形象には、本論で述べたようなポストフェミニズムの矛盾が圧縮して書きこまれている。そのような意味での歴史的必然性を、この形象は持っているのだ。だが、白井の筆力もあいまって、この形象がそのような矛盾を解決していると言うのはためらわれる。さらに、転送兵たちもまた、セックスなき生殖の形象ではあるのだが、それをユートピア的と呼ぶことはおろか、イデオロギー的と呼ぶことさえもはや不可能である。むしろそれは、矛盾の所在を不気味な形でわたしたちに突きつけてくる。子宮の中に息子の碇シンジを取りこみながら戦う母の亡霊の視点に、わたしたちは同一化することを余儀なくされるのだ——その逆で、母を神話化する「ぼく」の視点ではなく（注4）。ナウシカからマーフにいたる神話的・理想的な戦う母親の系譜によって抑圧されたものが、戦う母親（妊婦）という文字通りの形象において不気味に回帰する、これが『WOMBS』という作品である。

注4　『WOMBS』のまったくの対極にあって、戦闘美少女をめぐる幻想を徹底的にパロディ化して突き詰めるのは、松本次郎『女子攻兵』（全7巻、新潮社、二〇一一～二〇一五年）であろう。この漫画では、「女子攻兵」という女子高生型の巨大ロボットに乗って戦う兵士たちが、搭乗の限界を超えるとみずからと女子高生との区別がつかなくなり発狂するという精神汚染に冒される。この精神汚染は戦闘美少女の幻想を消費する男性的な視点のパロディだとも読める。

〔補論〕シャカイから遠く離れて

本章で検討したのはポストフェミニズムにおける「全てを持つ（have it all）」女性の理想像である。英米のポストフェミニズム論における「全てを持つ」女性の典型イメージとは、ミドルクラス専門職であり、子供を産んでもキャリアの中断がほぼなく、スリムで美しい身体を保ち仕事と子育てを両立させていくような女性である。ついでに言えば、そのような女性は「イクメン」たり得るミドルクラスの男性と結婚している可能性が高い。もちろんダブルインカムなのでシッターを雇う余裕もあるだろう……。ポストフェミニズム論をリードするイギリスのアンジェラ・マクロビーの『フェミニズムとレジリエンスの政治』はそのような女性像を描いてみせる。

注意せねばならないのは、これはあくまで「イメージ」であり「理想像」であることだ。もちろんそのような女性は実際に存在するだろう。だがそれはほんの一握りである。何かを代表するにはあまりにも少ないくらいの、一握りだ。実際、一握りであるからこそ本章で検討したような、「全てを持つ」女性になれという命令と、そうなれない現実に苦しむ女性たちの物語が語られるのであるし、家事労働やケア労働をマシンのようにこなす『家政婦のミタ』のような物語が語られるのだ。

本章では「シャカイ」というカタカナ表現を発明したが、それはそういうことだ。つまり、そのような女性の理想像はイメージでしかない。それが表現するのは私たちの現実の社会ではなく新自由主義的な理想の中の「シャカイ」にすぎないのだ。

そこから排除されるものは何か。それを本書は第一章から論じてきた。

今書名を挙げたマクロビーの『フェミニズムとレジリエンスの政治』は非常に応用可能性の高い記述概念を提示している。それは「完璧であること（perfect）」「欠点もあること（imperfect）」そして「レジリエンス（resilience）」である。マクロビーはこの三つ組みが新自由主義下／ポストフェミニズム下における女性の主体性を構成する「装置」となっていると論じる（マクロビーはこの装置を〈p‐i‐r〉という略号で表現する）。「完璧であること」はまさに今述べた「全てを持つ」女性のイメージである。マクロビーの議論が面白く重要であるのは、ポストフェミニズムは、単に完璧であれと命令するのではなく、その命令に応じられない女性に欠点もあることも包摂していくということだ。そして、完璧にはなれない女性が最終的に身につけるのが「レジリエンス」である。レジリエンスは最近日本でもカタカナのままで使われ始めている言葉だが、苦境に対して粘り強く、折れずに、回復する力のことである。

ここまで散々ポストフェミニストの代表として分析してきたシェリル・サンドバーグは、本書が出版される直前の二〇一七年四月に次なる著書を出版した（翻訳も同年に出版）。題して『OPTION B：逆境、レジリエンス、そして喜び』である。この本は、夫が急死してシングルマザーとなった境遇に、サンドバーグがいかに応じていったかを語る。そこでキーワードとなるのが、副題にあるレジリエンスだ。このサンドバーグの物語は、マクロビーの言う〈p－i－r〉をみごとになぞっている。夫の死はサンドバーグを不完全な存在にしてしまった。しかし、常に最善の選択肢＝option Aだけで生きるのではなく、次善の策＝option Bを用意して、それを選ぶことの出来る柔軟性が必要だということを、サンドバーグは喪の作業をしつつ学ぶ。そのような柔軟性こそがレジリエンスなのだ。レジリエンスを学ぶことで、サンドバーグはさらに深いポストフェミニストとなっていったと言える。

本章で登場したさまざまな女性キャラクターたちもそれぞれに〈p－i－r〉の道のりを歩んでいるように思える。具体的にどのように歩んでいるかは考えていただくとして、ここでは本書・本章で扱ってもおかしくなかった映画が、まさに〈p－i－

r〉の表現となっていることを指摘しておきたい。それは『プラダを着た悪魔』(二〇〇六年)と『マイ・インターン』(二〇一五年)である。この二作は別の映画ではあるものの、アン・ハサウェイが、『プラダ』ではファッション誌というクリエイティヴ産業に下積み的に従事する女性、そして『マイ・インターン』では、ファッションブログで人気を得るところからスタートして女性向けファッションのインターネット通販会社を大成功させている女性社長を演じたという意味で、ある種の連続性を意識して作られているし、観る側もそれを意識しないわけにはいかない。

『プラダ』では、硬派のジャーナリストを目指す、ファッションはあまりぱっとしない主人公が、就職活動に失敗して生き馬の目を抜くようなファッション誌の編集現場に紛れ込むことになってしまい、やがてオートクチュールを着こなす女性に変身すると同時に有能な編集者となっていく。この、女性性が高まることと職業的能力が高まることが矛盾するどころか相関しあうことは、ポストフェミニズムの基本構図である。『マイ・インターン』では、そのような「完璧」なポストフェミニストとなったように見えるアン・ハサウェイが、Eコマースの起業家というポストフォーディズム的な主体そのものになり、まさにポストフォーディズム的に睡眠を削りながら働く姿が描かれる。だが、彼女はケア労働(娘の世話と家事)を「主夫」となった夫に任せている。

この家族の「分業」のあり方が、しだいに破綻していくことをこの映画は描いていく。「主夫」ではうまくいかないという点、そしてロバート・デ・ニーロ演ずる、フォーディズム労働者を象徴するおじいさんがアン・ハサウェイを最終的に癒やす存在となっていく点で、ポストフェミニズムという観点からは「反動的」に見えるかもしれないこの作品も、マクロビーの〈p-i-r〉の観点からすればまさにポストフェミニズム的な物語そのものとして読むことができる。ハサウェイ演じる主人公は自分の不完全性を通り抜けて、最終的にはレジリエンスをもって危機を乗り切るのである。ここではこれ以上詳しくは述べない。そのような観点から実際に作品がどう見えるか、確かめていただきたい。

第五章　『かぐや姫の物語』、第二の自然、「生きねば」の新自由主義

　高畑勲監督のアニメ映画作品『かぐや姫の物語』（二〇一三年）は革命的である（図版1）。

　日本で最初の物語とされる『竹取物語』をベースとするこの作品は、前半部分の重要な改変を除いて、基本的に『竹取物語』の筋をなぞっていく。つまり、五人の公達《きんだち》によるかぐや姫への求婚とその顚末、帝による求婚、そしてかぐや姫の月の都への帰還というおなじみの筋を、映画はたどっていく。

図版1　『かぐや姫の物語』公開時のポスター

　だが、『かぐや姫の物語』が革命的であるのはここからだ。この翻案作品は、『竹取物語』の主人公の内面を描く。その内面

とは、基本的に、家父長制によって抑圧されて苦しむ内面である。ここで、前半の改変、もしくは原作に存在しないエピソードの付け足しが意味を持ってくる。光り輝くタケノコの中から生まれ、竹取の翁の養子となったかぐや姫は、翁たちの住む里で椀などの木工品を作って暮らす木地師《きじし》の子供たちのコミュニティの中で育つ。これが重要な改変である。親分肌の捨丸《すてまる》を中心とする子供たちに混じって、かぐや姫（子供たちにはタケノコと呼ばれる）は野山を駆け回り、雉《きじ》をとらえ、西瓜《すいか》を盗み、裸で泳ぐといった生活を送る。

ところが、竹取の翁は、切った竹から金や美しい衣を授かり、それを、かぐや姫を高貴の姫君として育てよという天からのメッセージとして受け取る。翁はかぐや姫を捨丸たちからひきはなし、都の屋敷に閉じ込め、やがて貴族の男性に嫁ぐことが姫の幸せであると思いなして、高貴の姫君としてのしつけをする。

前半の捨丸たちとのエピソードを付け加え、その後の『竹取物語』本来の筋と対照させることによって、つまり、回帰すべきユートピア的な時空間を設定することによって、この作品はフェミニズム的な解放への衝動の物語になっているといえるだろう。つまり、かぐや姫がタケノコであったユートピア的な過去を設定することで、都に上ったかぐや姫の疎外状態を強調しているわけである。その解放への衝動がもっとも強

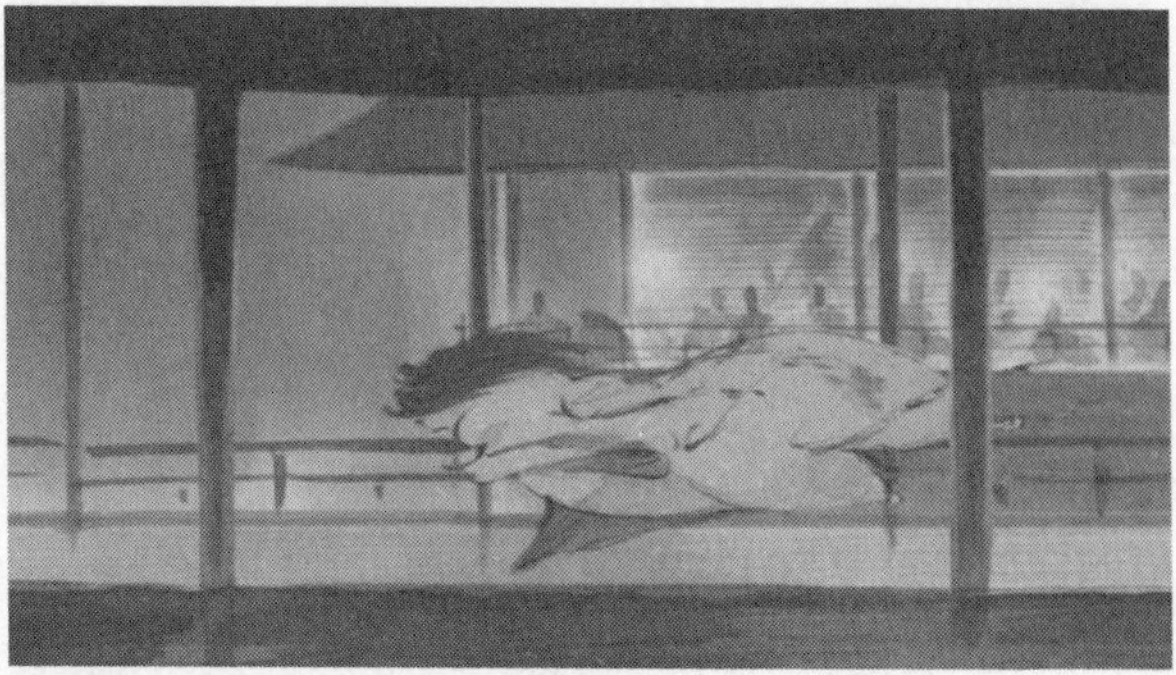

図版２　かぐや姫の疾走（『かぐや姫の物語』より）

烈に示されるのは、かぐや姫が成人のお披露目の宴会から逃走する場面だ。酔った客の侮辱の言葉を聞いたかぐや姫は、屋敷から猛烈に逃走する。ふすまを突き破り、体の動きを阻害する着物を脱ぎ捨てながら、かぐや姫は里をめざして激烈に疾走する（図版２）。

ちなみに、自由の象徴としての着物を脱ぎ捨てる行為は、映画の中でもう二回反復されている。一度は序盤でかぐや姫が川に飛び込む場面、もう一度は、最後に里に帰り、捨丸と再会する場面である。後者の場面は、かぐや姫が捨丸に「お姫様だっこ」されることを拒否し、動きをさえぎる着物を脱ぎ捨て、性行為の隠喩ともいうべき飛翔へと捨丸を誘う（ここでは性の決定権をかぐや姫が握っている）という点で、かなり意識的に「フェミニスト的」な瞬間だといえる。

そしてとりわけこの激走の場面は、あたかもかぐや姫の中に抑圧された獣が軛《くびき》から解き放たれてその獣性を爆発させたような印象を抱かせる。斎藤環はこの場面に注目し、それが、『風の谷のナウシカ』においてナウシカが怒りにかられて敵兵を打ち殺す場面を彷彿とさせるとしつつ、かぐや姫が「戦闘美少女」の系譜にあることを指摘する。

その通りである。ただし、本書の文脈では、戦闘美少女とは、第二波フェミニズム的な衝動が、ある限定的な形で（誤）表象されたものだという但し書きが必要になるだろう。そう、かぐや姫は戦闘美少女である。だが、彼女はナウシカだけでなく、『アナ雪』のエルサがそうであるのと同じ意味で戦闘美少女なのだ。

「生きろ／生きねば」の新自由主義

だとすれば、『かぐや姫の物語』は、『アナ雪』がそうであるのと同じ意味で革命的なのではないか、という疑問を検討する必要があることになる。つまり、『かぐや姫の物語』における自由と解放への衝動と、新自由主義的な革命への衝動とが区別できるのか、という疑問である。

この疑問を考えるにあたっては、『かぐや姫の物語』におけるかぐや姫の自由への逃走が自然への逃走と重ねられている点がまずは重要になる。『かぐや姫の物語』では、かぐや姫が生まれ育つ里と都が、田舎または自然と都会との対立軸として導入され、それがさらに地球上の生と月の都での生との対立へとずらされていっている。かぐや姫にとっての自由は、里の自然に、そして猥雑な地球上の生にある。

この対立は、新自由主義的である。どういうことか。それを理解するには、終盤のクライマックスとでもいうべき場面での、かぐや姫と捨丸とのやりとりを見てみるといいだろう。グロテスクなまでにファリックな長いあごを持つ帝の求婚、というよりセクハラ行為を拒絶する勢いがあまって、かぐや姫は月に助けを求めてしまう。月の都への帰還が定められたことを悟り、嘆くかぐや姫。かぐや姫のことを不憫に思った養母の媼《おうな》は、密かに車を用意させて、かぐや姫が帰りたいと訴える里へと送り出す（この場面は、先の疾走の場面と同じく、現実であるのか否か定かではない）。そこで、すでに大人となって結婚し、子供ももうけた捨丸と再会するかぐや姫。彼女は、「捨丸兄ちゃんとなら、わたし、幸せになれたかもしれない」と告白する。以下、二人の会話である。

捨丸　冗談だろ。お前に俺たちみたいな暮らしができるわけがない。

かぐや姫　きっとできた！　できたじゃない、子供の時！
捨丸　こんなボロ着て？
かぐや姫　うん。
捨丸　時には草の根をかじって？
かぐや姫　うん。
捨丸　よんどころなきゃ、泥棒まがいのこともやって？
かぐや姫　わたし見た。
捨丸　ああ……。
かぐや姫　わたしのせいで、ひどい目にあった。
捨丸　なんでもないさ、あんなこと。
かぐや姫　そうよ、なんでもないわ。生きている手応えがあれば。きっと、幸せになれた……。

『かぐや姫の物語』における里と都の表象は、レイモンド・ウィリアムズが『田舎と都会』で述べたような、田舎と都会をめぐる相矛盾する要素を抱えもっている。かぐや姫の憧憬の対象である田舎は、美しくロマン化された田舎である。先の会話で、捨丸はそのような田舎のビジョンを、そこにある貧困を指摘することで批判している。ところがかぐや姫は、そのような貧困を生きている手応えに回収するのだ。

生きている手応えへの回収。ここにこそ、『かぐや姫の物語』の新自由主義がある。物語の終盤にいたって、重要な価値の対立項は里（田舎）と都（都会）から、地上と月の都との対立へとずらされるというのは先に述べた通りである。月の世界は「心ざわめくこともなく」、「この地の穢れもぬぐい去れ」る場所である（天女のひとりの言葉）。貧しいけれども生命と感情と生きている手応えに満ちた地上と、そういったものがすべてぬぐい去られた、生きている手応えのない、のっぺりとしたユートピア＝ディストピアとしての月の世界。

この月世界と地上の世界の対立は、計画された不自由な（けれども豊かな？）社会と、混沌としている（さらには貧困もある）けれども自由な社会というおなじみの対立、つまり端的に言えば社会主義的な国家または福祉国家と、新自由主義的な資本主義体制との対立にほかならない。そして生きている手応えは、やりがい搾取というときの「やりがい」に等しいものである。

このような断言はあまりにも唐突に聞こえるだろうか。唐突に聞こえるならば、この対立図式はジブリ作品のいわば常套であることを確かめてみるとよいだろう。このとき、「生きろ。」（『もののけ姫』）、「生きねば。」（『風立ちぬ』）というキャッチコピーは、単なるキャッチコピー以上の意味を帯びてくる。宮崎駿作品における自然と非自然または人工との対立とその複雑な脱構築を検討すれば、これらの命令は計画された社会を否定し、新自由主義的な自然としての市場で生きよという命令として立ち現れるだろう。

『風の谷のナウシカ』における技術と自然の脱構築

じつのところ、「生きねば」は『風立ちぬ』のキャッチコピーであり、同時に漫画版『風の谷のナウシカ』（連載一九八二〜一九九四年、以下『ナウシカ』）の最後の台詞でもある。前章では、『風の谷のナウシカ』の主人公ナウシカは「官僚組織……に立ち向かうシャカイ系である」と述べた。シャカイ系とは、制度から独立・孤立した個人が、腐敗した非効率な官僚的な制度（警察組織や大学病院）に対抗する物語の定型であり、ポストフェミニズム的な一部の作品（専門職業人の女性を主人公とする作品）はこの定型を利用している。男女雇用機会均等法施行前夜に連載が開始されたこの漫画の主人公ナウシカは、前章で指摘した通り、科学者という専門職業人女性の側面をもっており、シャカイ系の原型とも呼べる人物なのだ。

　ここでは、『ナウシカ』における自然と非自然（または技術）との対立について考察を進めることで、この作品がシャカイ系であることの真の意味を提示したい（注1）。『ナウシカ』は現在から二千年以上後の遠い未来に設定されており、火の七日間という、核戦争を彷彿とさせる全面戦争の千年後を舞台としている。世界は、腐海と呼ばれる、毒の瘴気を吐く森に侵食されており、残された土地で人間たちは細々と暮らしている。人間は防毒マスクなしでこの森に入ると、たちまちに肺を冒されて死んでしまう。だがこの森は生命のない森ではなく、多くの異形の蟲たちの暮らす森であり、その蟲たちの王とでもいうべき存在が、山ほどの大きさのダンゴムシのような見た目の王蟲《オーム》である。主人公のナウシカは辺境の風の谷に暮らす王族の少女であるが、大国トルメキアと土鬼《ドルク》諸侯連合との戦争に巻きこまれ、トルメキア側について参戦することになる。

　この作品は、まずは技術と自然とを対立項として設定する。ナウシカは腐海の奥底に入り、蟲たちと交流した経験から、この森の真実に気づいている。この森は人間が

注1　以下、本章では『文化と社会を読む　批評キーワード辞典』（大貫隆史・河野真太郎・川端康雄編、研究社、二〇一三年）において筆者が執筆した「技術」の項目の一部を、適宜修正を加えつつ再録する。本章は「技術」の結論を撤回し修正している。

汚染した土壌を浄化するために生まれたものなのである。つまり、人間の技術がもたらした汚染（放射能による汚染を連想させる）を、自然が、文字通りの自然治癒力を発揮して浄化しようとしているのだ。

この作品のアニメ映画版（一九八四年）は、この技術と自然の対立を保持したまま終わっている。もしくは、ナウシカという、技術（人間による環境汚染）と自然（腐海）の対立を仲立ちする英雄の自己犠牲的な行為によって、当面その対立が緩和されて（しかし本質的には解決されることなく）、映画は幕を下ろしている。

しかしここで参照したいのは、この物語の原作（漫画版）である。漫画版は、驚くべきひねりを加えることで技術と自然の対立を脱構築しているのだ。最後にあきらかにされる真実は以下のようなものである。つまり、腐海やそこに住む蟲たちは、じつは自然の産物ではなかった。火の七日間の後に、科学者たちが地球を浄化するためにつくり出した浄化装置だったのだ。さらに衝撃的なことに、ナウシカたち人間も、汚染された地球で暮らすことができるように改造された人間だったのである。その人造人間たちは、汚染に適応しているため、浄化後の世界では生きていくことができない。世界の浄化後に、その人造人間たちは死に絶え、攻撃性を取りのぞかれた人間たちにとりかえられる計画なのである。その人間たちは、墓所と呼ばれる、人間の科学知識のつまった神殿（もしくはノアの方舟というべきか）に、胎児の形で保存されている。

　前章で述べた通り、ナウシカは火の七日間で世界を滅亡させた人造巨人兵器である巨神兵の母となり、巨神兵を従えてその墓所を破壊し、真実を胸の内にしまったまま人びと（つまり人造人間たち）と共に生きていく決意をする。もちろんそれは、遠い未来における人類の滅亡を確実にするかもしれない決意である。その決意の根拠とは、「人造人間たちもまた生命である」というものだ。ナウシカの感動的な台詞を引用するなら、「私達の身体が人工で作り変えられていても私達の生命は私達のものだ／生命は生命の力で生きている／その朝〔世界の浄化の日〕が来るなら私達はその朝にむかって生きよう／私達は血を吐きつつくり返しくり返しその朝をこえてとぶ鳥だ!!」（第七巻、一九八頁）ということだ。技術によって作られた生命もまた自然である。この宣言によって、技術と自然との区分は脱構築される。物語はナウシカが人びとに呼びかける言葉で幕を下ろす。「さあみんな／出発しましょうどんなに苦しくとも／生きねば……」（第七巻、二二三頁）。

技術と自然の脱構築と労働の隠蔽

　技術と自然の脱構築とは、たとえばこういうことだ。巨大なアリ塚はアリが作ったものであるから自然であると普通は考えるだろう。それに対し、高層マンションは人間が技術の粋をこらして作ったものであるから非自然・人工であると考えるのが普通だろう。しかし、ナウシカがここで言っているのは、アリ塚と高層マンションを区別する根拠はない、ということである。その意味では高層マンションでさえも、自然だとみなせる。

さらに言えば、この『ナウシカ』の論理を敷衍すれば、二〇一一年の福島原子力発電所のメルトダウンのあとに、「原発ぬきの電気で映画をつくりたい」という横断幕をスタジオにかかげ、従来的にもエコロジーを基調としてきたジブリ＝宮崎駿が、じつのところ原発を肯定しているように読めてしまうのである。上記の論理からすれば、原発も、そしてそれがもたらした放射能汚染も、自然であるのだから。

これは、社会にも敷衍することのできる議論である。社会とはいったい、人間が意図的に、人工的に作り上げたものであるのか、それとも自然なのか。社会のさまざまな単位、つまり家族、地域共同体、国民国家などは、いったい人工物であるのか、それとも自然なのか？　社会一般だけでなく、その中にある制度についてはどうか。たとえば株式市場はどうだろうか。これも、人間の技術によって作り上げられた制度であることは確かだ。しかし、いざあなたが株を買って儲けようとするとして、株式市場は巨大で予測不可能な自然のように見えるかもしれない。

ここでの一般的な問題は、以上のような技術と自然の脱構築の帰結のひとつ（あくまでひとつ）が、人間の労働の隠蔽であるということだ。先に触れたレイモンド・ウィリアムズの『田舎と都会』の主題の一部はそれであった。ウィリアムズはこの本で古代ローマの牧歌詩から現代のSF作家までを壮大なスケールで論じていくが、その古代ローマの詩人ウェルギリウスの詩にはすでに、「耕作を必要としない土地の呪術的喚起」（p. 17）が見られる。つまり、牧歌の伝統において、田園は労働なしで富を生み出すものとして美化される。また、同じくウィリアムズのエッセイ「自然の観念」（一九七一年）での面白いエピソードを挙げてもいいかもしれない。つまり、「生け垣をとりのぞくことは自然に反する現代科学の狂気の一種」だと言った人物のエピソードである（一〇八頁）。これらにおいては、本来人間の労働の産物であるもの、つまり人工物（生け垣）が自然だととらえられているのだ。労働は自然の一部としてとらえられ、または自然におおいかくされて、魔術的に富を生み出すものとみなされる。この労働なしで富を生み出す自然のビジョンが長い歴史を持っていて、現代のわたしたちをもとらえていることは、ほかならぬ原子力発電を考えればわかる。原子力が夢のエネルギーであることは、それが労働のないところから富を生み出すという夢を見させたからであった。もちろん、原発が低賃金の被曝労働ぬきでは稼働不可能であることは、たとえば堀江邦夫のノンフィクション『原発ジプシー』（一九七九年）と、それを原案とする森崎東監督の映画『生きてるうちが花なのよ死んだらそれまでよ党宣言』（一九八五年）といった形で語られ、描かれてきた。それにもかかわらず、福島の原発が溶け落ちて人の力ではどうしようもないと思えるような状況に陥ってはじめて、わたしたちはあれを人間が動かしていたことに気づいた、ということは認めなければならないのではないか。

原子力発電所のような、あきらかな技術の産物にも、じつはどこかでそれを自然だとみなすイデオロギーがはたらいており、それゆえにこそ、そこからは労働なき富が魔術のように生み出されると考えられる。

さきほど株式市場の例でほのめかしたように、資本主義はみずからを自然として表象しようとする。それは、ウィリアムズが述べたように、労働そして搾取の事実を隠蔽する。かつての田園詩が荘園における労働を隠蔽して自然の美のみを表象したように、現代の詩は資本主義的な市場とそこでの労働、競争、搾取の事実を自然として、もしくは言うなれば第二の自然として表象するだろう。

さて、『ナウシカ』がこのようなイデオロギーにどっぷりと浸かった作品だと、わたしは主張しているわけではない。先ほど強調したように、労働の隠蔽は自然と技術の脱構築の帰結のひとつでしかない。自然と技術が脱構築されるというのは、すべてが自然であるということになりうると同時に、すべては技術であるという観念にも帰結しうる。後者は一種の近代主義《モダニズム》である。技術至上主義ということだけではなく、それは、わたしたちが自然だと思いこんでいるものも人間の意図と努力によって育成されてきたものなのであり、したがってこれからも人間の意図と努力によって変えていくことができるという、一種の人間主義でもあるのだ（宮崎駿のイデオロギーを好意的にとらえれば、こちらになるだろう）。

ここではしかし、『ナウシカ』がこのどちらであるかを決定しようとはせず、この作品における技術と自然の脱構築を歴史的に読む努力をしてみたい。じつは、この作品における技術と自然という二項対立とその脱構築は、普遍的な主題であるように見えながらも、かなり具体的な歴史性をもっているのだ。

『風の谷のナウシカ』、『寄港地のない船』、（ポスト）冷戦の物語

『風の谷のナウシカ』は一種のＳＦであるが、そのＳＦの系譜を見ると、『ナウシカ』のようなタイプのプロット、つまり「自然環境だと思っていたものが人工であっ

たことに気づく」という型のプロットは初めてのものではないことが分かる。例えば、イギリスのSF作家ブライアン・オールディスの『寄港地のない船』(一九五八年)という小説である。

この小説は、『ナウシカ』を彷彿とさせる民俗学的な部族社会から始まるのだが、最終的にあきらかになるのは、その社会は、プロキオン星から地球へと帰還し、現在は地球を周回している巨大な宇宙船の内部に存在していたということ、さらには途中で登場する巨人族はじつは人間にほかならず、人間を巨人と見てしまう主人公たちは、プロキオン星で罹患した疫病によって変態し、宇宙船に閉じ込められたまま小人化してしまった人間の末裔だった(疫病からは二十三世代が経過している)、ということである(注2)。

ここで注目されるのは、マルクス主義文芸理論家フレドリック・ジェイムソンによるこの小説の読解である。ジェイムソンによれば、この小説は読者の「ジャンル的期待」をどんどん裏切っていく。最初は民俗学的世界での冒険もの、つぎにファンタジーに近づくような奇譚、そしてSF、といったふうに、この小説はジャンルをつぎつぎに変えていく。この形式面と、最終的に明かされる真実が一致しているというのがジェイムソンの読みである。つまりそれは、「人間による人間の操作(manipulation)」

にまつわる真実だ。『寄港地のない船』の主人公たちは、地球人に見捨てられ、またナウシカのような改造人間というわけではないにしても、人工的な環境を自然だと思いこんで（思いこまされて）生きている。この作品は、形式と内容の両面が操作というテーマによって一致している。つまり、ジャンルの変更による読者の操作と、小説の内容における操作というテーマが一致しているのだ。

さて、ジェイムソンは以上のようなオールディスの小説の政治性を「反官僚主義」および「反社会主義」であるとする（五一頁）（実際はこの読解にはさらなるひねりが加えられるが、ここでは割愛する）。つまり一言で言えば、この作品の「人間による人間の大規模な操作」のテーマは、冷戦リベラリズムだということである。『寄港地のない船』が一九五八年の作品であることをもう一度確認しよう。この作品は、大戦における全体主義または同時代ソ連の社会主義をその極端な頂点とするような官僚主義または管理行政制度を批判し、それを鏡像として当時の西側の自由主義を肯定するのだ。この冷戦リベラリズムのイデオロギーは、五〇・六〇年代の福祉国家のイデオロギ

注2　このタイプの物語をいくつか挙げておくと、『寄港地のない船』の先行テクストとも言うべきロバート・ハインラインの『宇宙の孤児』、それから日本の漫画では萱原雅雪『暁星記』、弐瓶勉『BLAME!』がある。

ーであると同時に、現在の新自由主義を準備したイデオロギーである。そのイデオロギーは、第一世界の福祉国家が社会主義とは違う、ということを確認するために存在したといえる。また、新自由主義が市場の自由を至上命題とするとして、その陰画は市場を管理統制する国家であり官僚組織であるのだ。ここで、前節で述べたことを思い出していただきたい。（新）自由主義者にとって市場は自然である。それを、国家の介入によって人工的に操作しようとすることは悪なのである。

『ナウシカ』が、『寄港地のない船』と同様のプロット構造を持ちつつ、同じく人間による人間の操作をテーマとしていることは明白であろう。では、そのイデオロギーの方はどうだろうか。『ナウシカ』もまた、管理統制を嫌うリベラリズムの作品なのだろうか。先に引用したナウシカの台詞のつづきを読むと、そのようにも思える。曰く、「生きることは変わることだ／王蟲も粘菌も草木も人間も変わっていくだろう／腐海も共に生きるだろう／だがお前（「墓所」の主）は変われない／組みこまれた予定があるだけだ」（第七巻、一九八頁）。「組みこまれた予定」を否定するナウシカは、もはや自然を称揚しているというよりはむしろ、官僚主義的な管理や社会主義的な計画を否定し、フレキシブルな後期資本主義を肯定しているとは読めないか。つまり、ナウシカのメッセージとは、「自然を技術によって操作しようとすることは官僚的（または社会主義的）でだめだ」ということなのである（図版3）。

そうだとすると、『ナウシカ』における自然と技術の対立（とその脱構築）の意味がずらされることになる。つまり、その場合、技術とは科学技術ではなく管理統制、または官僚制という意味での技術——あるいは生政治《バイオポリティクス》（注3）——のことになるのだ。ここで、「生きねば」という命令は、「計画され管理された社会で生きるのではなく、計画されていない「自然」の中で生きよ」という命令へと読み替えうる。もちろん、ここで言う自然はすでに第一の意味での自然ではなく、人工的な自然、いわば第二の自然なのであるが、新自由主義の要諦は、まさにこの第二の自然の人工性を抑圧・忘却し、市場と自由競争こそが人間にとっての第一の自然であり、その自然に還ることこそが、もっとも効率のよい社会なのだ、という観念なのである。

図版3　『風の谷のナウシカ』（徳間書店）

「生きろ。」をキャッチコピーとする『もののけ姫』（一九九七年）にも、同じ図式が見いだせる。『もののけ姫』は、神々がまだ、人間とともに自然の中に実存している神話的な時代へと書き換えられた室町時代の日本の、現在の中国山地を舞台とする。常識的には、『もののけ姫』という物語は、かつて八百万の神が実在して自然の秩序を統べていた時代から、神が殺され、技術と産業をもつ人間と自然が共生する（もしくはしない）時代へ、という物語としてとらえられるだろう。つまり、簡単に言えば、もののけ＝神々（そしてその長たるシシ神）の自然から、人間たちの産業へ、という流れである。その読解で産業を象徴するのは、森を開墾しながらの製鉄を生業とするタタラの民であり、その長のエボシ御前である。だが、ここまで述べたことからすれば、この読解はこの作品の真髄をとらえていない。この物語は、自然の秩序が人間の秩序にとってかわる話ではない。むしろ、驚くべきことに、その逆である。つまり、神々の秩序は、『ナウシカ』でいえばかつての人類によって計画された秩序に相当するものであり、その秩序が失われた際に出現する、本当の自然——もはや神に統べられてはいない偶発性——の中で主人公たちは生きていかなければならない、ということを、『もののけ姫』はテーマとしているのである。『もののけ姫』の場合、計画された秩序の破壊を受け持つのは、人間たちのタタラ場を統べる女性、エボシ御前である。ナウシカと、この後述べるクシャナの役割を、『もののけ姫』ではエボシ御前がひとり受け持っているのだ。もちろん、作品の最後に出現する自然——つまり第二の自然——の中に、おそらくこの後も人間が継続していくであろう産業が含まれることは、『ナウシカ』での技術と自然の脱構築を知っているわたしたちにとって、なんら矛盾とは言えない（注4）。

矛盾と言えないどころか、エボシ御前のタタラ場が、単なる産業化・工業化の勢力なだけではなく、社会的な近代化の勢力であることは、この読解を意義深い形で補強するだろう。小野俊太郎が『「里山」を宮崎駿で読み直す』で指摘しているように、タタラ場は男女の平等、女性の経済活動や軍事活動への参加のみならず、ハンセン病患者をモデルとした病者・身体障害者の社会参加を進める平等主義的な社会である（一六九―一七〇頁）。このような社会参加と平等化は、一方では広い意味での近代化を表現しているとも言えるかもしれない。しかしこれらの社会参加が、石火矢《いしびや》という大砲を女性でも扱えるようにする軽量化のイノベーションにもとづく（病者たちはそ

注3　思想においては、マルティン・ハイデッガーと、そのハイデッガーの影響を受けたミシェル・フーコーによる技術論も、同じように純粋な技術の問題ではなく社会とその中で生きる主体のエンジニアの問題を論じているとみなすことができ、さらには『ナウシカ』と同様の自然と技術の脱構築を行っているとみなすことができる。ここではその議論は割愛したが、注1の「技術」を参照。また、ほかに『ナウシカ』とハイデッガーの技術論との関係を指摘する論考としては赤坂憲雄『ゴジラとナウシカ――海の彼方より訪れしものたち』（イースト・プレス、二〇一四年）を参照。

の石火矢製造にたずさわっている）ものであり、それが軍事的な社会参加であることを考えるとき、その平等主義にも影が落ちるであろう。この社会参加とは、本書で述べてきたようなポストフェミニズム下における女性の社会参加（労働市場へのかり出し）とどれほど異なっているのか、という疑問が首をもたげるのである。

『もののけ姫』における神の死んだ世界は、『ナウシカ』において墓所が破壊された後の世界であり、先ほど述べた第二の自然にほかならない。それは神の意志によっては統べられておらず、偶発性が支配する自然の世界だ。人びとは、そのような純然たる偶発性を生きることを学ばなければならない。「生きろ」は、そのような世界で生きよという命令なのである（注5）。

以上を歴史的な観点でまとめなおせば、『ナウシカ』と『もののけ姫』は、それぞれほとんど神話的な未来と過去を舞台とするけれども、基本的には冷戦の終結と、ポスト冷戦状況の出現をめぐる物語になっているということになる（注6）。物語全体が二つの超大国の戦争と、片方の勝利であることもあるが、物語が、革命と革命の反転の物語となっている点でもそうなのである。『ナウシカ』には二人の主人公がいるとも言える。ひとりはもちろんナウシカであり、もうひとりはトルメキア王国の皇女クシャナだ。このクシャナも、ナウシカと同じくポストフェミニズム的なシャカイ系ヒロインである。クシャナは、トルメキア王国の支配層（＝官僚組織）の腐敗に怒り、それを破壊しようと情念を燃やす人物だ。クシャナは母に毒を盛った兄たちへの復讐に（途中までは）生きている。このクシャナの情念は、怒りは持ちつつも情念やルサ

注4　同じ図式と述べたが、実際は『もののけ姫』は『風の谷のナウシカ』の否定であるといえる。というのも、『風の谷のナウシカ』の図式を踏襲するなら、神々の秩序を破壊するのは主人公（アシタカやサン）の役目であるはずだが、実際はエボシ御前（そしてジコ坊とその背後の「師匠連」という謎の組織）という、悪役とも何とも決定しがたい人物たちに、その役目は与えられているからである。主人公アシタカは、神を守ろうとするのであるが、その行為は、みずからにかけられた呪いを解けなくしてしまうという意味では、実はみずからの利害に反する行為となっている。アシタカは、サンへの個人的肩入れという動機を除いては（そしてそれは物語的には不十分な動機なのだが）、奇妙に動機を欠いた存在である。その意味では、『もののけ姫』を偉大なる失敗作と呼びたい誘惑にかられるが、その一方で、この後述べるように『ナウシカ』が「造反有理」の物語だとすると、『もののけ姫』は造反が理を失った世界で、それでもどのように生きるか、という、ある意味ではポスト新自由主義的な物語とも読める。

注5　というわけで、「ギャンブル」は新自由主義の倫理となる。東京にせよ大阪にせよ、新保守主義と新自由主義の化身のような首長たちが、公営ギャンブルの導入に熱心なのには理由があるのだ。その一方で、ますますギャンブル的になっていく経済活動の方は、ギャンブルとは呼ばれず、（マネー・）ゲームと呼ばれる。

ンチマンを動機とすることはないナウシカの、いわば人格を分離したものだともいえよう。そして誤解を恐れずに言えば、この情念という要素も、フェミニズム的な衝動の重要な一部分である。

ナウシカもクシャナも言ってみれば造反有理を行動原理としている。二人は制度（墓所とトルメキア王国の腐敗した王制）を破壊することによってユートピア的な空間と可能性を切り開こうとする。しかし、『ナウシカ』のもっとも重要な点は、制度の破壊がユートピアを現出させはしないことである。それが現出させるのは、意図と計画を否定した新たな自然であるものの、その自然はじつのところ本物の自然ではなく、ナウシカが嘘をつくことによってその人工性を隠蔽した自然、つまり第二の自然であった。クシャナは、その道を王道と呼ぶ。歴史的に見れば、この王道とはポスト冷戦、つまりグローバリズムと新自由主義という外部のない自然を生きる道である。もちろんここで言っているのは、一九六八年に革命を口にした多くの者たちが、やがて新自由主義革命という王道を見いだしたという物語である。言いかえれば、『ナウシカ』は、いわば敷石をはがしたところに砂浜を見いだすことはできなかった、という、批判の不可能性、さらに悪いことには批判の反転の可能性についての物語であり、宮崎駿という作家の基調をなすのも、そのような自意識なのである（注7）。

罪なき罰と箱庭

さて、『かぐや姫の物語』における自然という問題に戻ろう。すでにあきらかだと思うが、都に対する里や、月世界に対する地上の世界が表す自然は、ここまで述べてきたような、偶発性が支配することになっている第二の自然である。そのような偶発的自然の中で、「生きる手応え」を感じながら（場合によっては貧困に陥りながら）生きることを『かぐや姫の物語』は推奨する。有り体に言いかえれば、それは月の世界の全体主義ではなく、自由市場の中での競争を生きることを推奨する。

このような価値体系を構築することにおいて、高畑勲監督の『かぐや姫の物語』と、

注6　『風の谷のナウシカ』が冷戦の終結の物語であることは多くの論者が論じている。たとえば稲葉振一郎『ナウシカ解読　増補版』（勁草書房、二〇一九年）を参照。この本を本論では十分に論じられないが、本書は、ポスト冷戦状況においてユートピア的なものをいかにして再創造／想像するか、という問題を、『風の谷のナウシカ』解読を通じて探究するものである。稲葉によれば『風の谷のナウシカ』における「青き清浄の地」（腐海が浄化されたあとに出現する清浄な世界）は、本論で述べる造反有理的な、つまり制度を破壊した果てに訪れるユートピアではなく、物語上の現在とはラディカルに異質な系譜の上にある（なにしろ登場人物たちはその世界では生きられないのだから）、本来の意味でのユートピアである。

宮崎駿作／監督の『風の谷のナウシカ』と『もののけ姫』は同じである。しかし、後者の姫たちが、物語の結末において第二の自然の中で生きつづけることが示唆されるのに対して、かぐや姫は地上の記憶を失って月世界へと戻ってしまう。この差異をどう考えるべきか。高畑勲による宮崎駿作品への批判をそこに読み込めるだろうか。

『かぐや姫の物語』を宮崎駿批判として読む方法は、当面二つ思い当たる。ひとつは、この作品のキャッチコピーとなった「姫の犯した罪と罰」の読解にかかわる。これはあくまでキャッチコピーであり、高畑勲もそれを「センセイショナル」と呼んで距離を取っているものの（高畑、中条、七三頁）、このキャッチコピーは思いのほかこの作品の真髄を言い当てているようにも思える。かぐや姫が地球に下ろされる原因となった罪とは、ほかならぬその地球での生に焦がれたことだ。そして罰とは、やはりほかならぬその地球へと下ろされることである。しかし、おそらく、地球へと下ろされることは、天上の人びとが考えているような意味での罰にはなっていない。天上の人びとが、地上の生は穢れているがゆえにそこに下ろすことは罰となると考えたとして、かぐや姫は地上の生を穢れとしてはとらえないからである。むしろ、かぐや姫にとって罰があるとすれば、それは地球から引き離されることである。

さて、これは何を意味するだろうか。この構造が意味するのは、高畑作品においては、地上の生＝第二の自然＝自由市場での受苦の生が、宮崎作品にはないようなアイロニカルな距離をともなって表象されているということである。地上の生は、たとえかぐや姫がどれだけそこに生きる手応えを見いだそうとも、ひとまずは罰としてとらえられている。思うに、かぐや姫の物語を、もし人間の生についての普遍的な寓話として読むならば、このような罪と罰が意味するのは、人間の生とは罪なき罰にほかならないということではないだろうか。地上に生きたいと願うことが罪であり、その罰が地上に生きることならば、生そのものが罪でありなおかつ罰なのだ。この作品はこ

注7　このような批判の反転の問題については、リュック・ボルタンスキー／エヴ・シャペロ『資本主義の新たな精神（上・下）』（三浦直希・海老塚明・川野英二・白鳥義彦・須田文明・立見淳哉訳、ナカニシヤ出版、二〇一三年）を参照。ボルタンスキーとシャペロは、資本主義が、いかにそれ自身に対する「批判」を取り込んで危機を乗り越え、姿を変えて再興してきたかを論じているが、一九六〇年代以降の重要な二つの批判を「社会的批判」そして「芸術家的批判」と名づけている。社会的批判が労働や再分配にまつわるマルクス主義的な批判であるなら、芸術家的批判は、批判と制度の破壊による解放＝疎外の解消という、一九六八年五月と結びつけられる批判である。しかしその批判は、「資本主義の新たな精神」（九〇年代のマネジメント言説に代表される、自律性と柔軟性を中心とする、従来の資本主義体制の批判）へと回収されてしまう。『ナウシカ』はまさに、芸術家的批判の挫折の物語として読めるだろう。

れほどまでに陰鬱な思想に基づいている。そう考えたときに、宮崎作品のメッセージ「生きねば」は、いかにも残酷なものに響くにちがいない。それは罪なき罰としての生に耐えよ、という命令なのだから。

それと関連してもうひとつ注目すべきなのは、かぐや姫が都の屋敷に作る箱庭である。姫の養母である媼は、都に上ってからも里での生活を変えられず、屋敷の離れの作業小屋と畑で耕作とものづくりに精を出している。里を思い焦がれるかぐや姫は、媼に頼んでその畑をもらい受ける。そしてそこに、なつかしい里を再現した箱庭を作るのである。

ところが、五人の公達が求婚のための宝物探しに失敗し、「燕の子安貝」を探した石上中納言《いそのかみのちゅうなごん》が、燕の巣から子安貝を捕ろうとして落下した怪我が元で命を落としてしまうにいたって、かぐや姫は泣きながらこの箱庭の草花を鎌でなぎ倒し始める。それを見た媼とのやりとりである。

媼　どうしたの、姫？
かぐや姫　こんな庭、偽物よ！（箱庭を手足で壊しながら）偽物！　偽物！　偽物！
　偽物！　みんな偽物！　わたしも偽物！　わたしも……

媼　（かぐや姫を取り押さえながら）おやめ！
かぐや姫　みんな不幸になった。わたしのせいで。
媼　姫のせいではありません。姫のせいでは……
かぐや姫　いいえ、わたしのせい。偽物のわたしのせいよ。
媼　姫……！
かぐや姫　こんなことになるなんて、思ってもみなかったのに。
媼　そうよね。でも、あなたのせいじゃない。

ここでかぐや姫は二つのものを「偽物」と呼んでいる。ひとつは箱庭という形で再現した里。そしてもうひとつはかぐや姫自身である。だが、この二つの偽物が、じつは同じものであるところに、この場面の重要性はある。つまり、ここまで述べた通り、里は第二の自然である。それは人間にとっての原初的な自然である見せかけをしつつ、じつは新自由主義的な市場社会であり、労働の搾取の場である。そのような意味で箱庭は第二の自然が偽物の自然であることをアイロニカルに示している。

高畑勲は、『かぐや姫の物語』にはるかに先んじて、一九九一年に『おもひでぽろぽろ』においてすでに、このような自然の偽物性を問題としていた。この物語の主人公タエ子は、東京生まれの東京育ちであり、夏休みに親と一緒に田舎に帰る経験ができなかったことから、田舎というものへの憧れをつのらせ、それが高じて東京でOLをしながらも、休暇を取っては山形の姉の夫の親類の農家でベニバナ収穫などの農業手伝いをしている。田舎の美しい自然と風景を理想化し愛でるタエ子は、さまざまな水準でその幻想を批判されることになる。ひとつには、姉の夫の又従兄弟にあたるトシオが、田舎の風景とは自然なのではなく、ここで農業を行ってきた人間たちの働きかけのもとにできあがってきたものであることを指摘する場面であるし、さらにはトシオと結婚して山形に来ないかと言われた際に、自分は田舎での生活がどんなものであるか、そこにどんな労働があるのか、本当の意味で分かっていなかったと痛感し、動揺する場面である。小野俊太郎が指摘する通り、『おもひでぽろぽろ』は高畑勲の前作である『火垂るの墓』と同時上映された宮崎駿の『となりのトトロ』(一九八八年)の批判として読める。『となりのトトロ』は一九五〇年代の、高度成長によって失われる直前の東京郊外の、後に(一九九〇年代に)里山と名づけられることになるような田舎の自然の風景を舞台として、観客はその風景にノスタルジーを感じた。だが、『おもひでぽろぽろ』で指摘されるようにそのような自然は人工的なものであった。かぐや姫はその批判を反復している。

では、かぐや姫が偽物であるとはどういうことか。ここまで、かぐや姫は、結婚市場において商品化されることを拒んでいる。五人の公達に無理難題を押しつけたのは、そのためである。しかしここでかぐや姫が卒然と気づくのは、自分が商品化され、競争の果ての獲得物となることを避けるために取った行動が、逆に五人の公達の競争を苛烈なものとしてしまい、ついには死者まで出してしまったという事実である。かぐや姫は、競争を引き起こす商品ではない。すくなくともそうなることを拒んでいる。しかしそれでもかぐや姫は過剰な希少性と価値を持つ商品となって市場社会＝新自由主義的自然を加速させてしまった。資本主義の狡知にかぐや姫も勝つことはできなかった。「偽物！」という叫びは、そのような資本主義に対するせめてもの告発である。

この点において、かぐや姫は前節で述べた造反有理のシャカイ系ヒロインたち、ナウシカやクシャナの批判となっている。かぐや姫はみずからの革命（結婚とみずからの商品化の拒否）が反転された革命（この上なく熾烈な市場社会）に帰結したことを意識的に体現する。したがって、「偽物！」の叫び声はナウシカの歩む王道へと向けられているとも言えるのである。

ここまで述べれば、媼の「あなたのせいじゃない」という慰めが、じつは非常に残酷であることに気づいていただけるだろうか。「あなたのせいじゃない」は、言いかえれば、「あなたの罪じゃない」である。そう、かぐや姫が罪なき罰を受けていることを、この慰めは確証してしまっているのだ。王道を歩まされているのはあなたのせいじゃない、それでもあなたは歩まなければならない。

それでも、宮崎駿は「生きねば」と言うだろうか。わたしたちが、自分たちのせいではない、自分たちの罪ではない罰としての生を送っているとしても？　おそらく言うであろう。わたしはここで、宮崎駿に対する高畑勲の優越を、またその逆を言おうとしているのではない。むしろ、宮崎作品と高畑作品がみごとに対話的な関係になっていることを指摘したいのだ。つまり、宮崎駿は、ここまで述べたようなことに対して、無意識的ではない。『かぐや姫の物語』という形で現在のわたしたちの生の残酷さをつきつけられても、おそらくそれでも「生きねば」と言うのである。その「生きねば」という命令が、新自由主義の命令でもあることを重々承知した上で、「生きねば」という倫理を宮崎は口にする。わたしはこのような態度を断罪したいのではない。この「生きねば」という呼びかけの残酷さを正しく理解すること。「生きねば」という命令に対する抵抗のありかを「曇りなき眼《まなこ》で見定める」こと。これは、わたしたちの現在の外側を思考し始めるための出発点なのである。そして、そこを出発点としてわたしたちは、宮崎と高畑とのあいだの、対話と呼ぶにはあまりにも苛烈な対話を継続していかなければならない。それが、わたしたちの生そのものなのである。

〔補論〕ナウシカの時代と人新世

本書は、ナウシカから始まっている。「はじめに」では、『スター・ウォーズ／フォースの覚醒』の女性主人公レイの源流が『風の谷のナウシカ』のナウシカであることを指摘し、その「戦闘美少女＝戦う姫」の系譜が意味するところは何か、という本書全体の主題を導入した。昨年（二〇二二年）は『風の谷のナウシカ』の漫画版連載が始まって四十周年、来年は映画版公開から四十周年となる。この四十年は、そのまま新自由主義の四十年でもあった。おそらく若い人にとってはそれこそ「自然」のようになってしまったであろう新自由主義的な社会が、自然であるふりをしつつ、じつは人間の作為によって作られた「第二の自然」でしかないこと——本章のメッセージはそのまま、本書全体で私が伝えたいメッセージでもあった。

同時に私にとって『風の谷のナウシカ』はこの上なく重要な作品であった。個人的な話になるが、子供の頃にテレビ放映された映画版で触れた『風の谷のナウシカ』は、私が最初に魂を奪われた物語作品のひとつだった。魂を奪われた理由は、そこに表現された終末論的な世界観が、核戦争の恐怖も生々しかった冷戦期後期の空気と共振したこともあったが、なんといってもナウシカという魅力的なキャラクター（だけでなく、ユパやクシャナといった魅力的な脇役たち）に魅了されたということが大きい。

キャラクターや物語が魅力的になるのは、普遍性を持つゆえでもあるのだが、同時にその個別の時代の何かに触れているゆえでもあると思う。そして私の感覚が正しいなら、ナウシカを魅力的にしている時代性はまだ過去のものにはなっていない。二〇一九年暮れから始まった新型コロナウイルス感染症のパンデミック状況は、私たちが腐海を行くナウシカたちのようにマスクをし続けることを強いられたという以上に深い水準で、『ナウシカ』の現代性をもう一度痛感させたのではないだろうか。『朝日新聞デジタル』が二〇二一年から二二年にかけて「コロナ下で読み解く　風の谷のナウシカ」という連載インタビューを掲載し、それが『危機の時代に読み解く『風の谷のナウシカ』』という形で書籍化されたことは、それを表現している（なお、私もインタビューを受け、右記書籍に収録されていることを付記しておく）。

『風の谷のナウシカ』は元々、環境問題をテーマにすると目されてきたが、現在、環境問題は危機の度合いを深めて新たなフェーズに至っている。それに応じて環境問題をめぐる新たな言説が登場しているが、その中でも本章の議論と強く響き合うのは、マルクス研究者の斎藤幸平による議論であろう。斎藤はカール・マルクスの新たな資料を読み込むことによって、独自の環境思想を編み出してみせた。『大洪水の前に』『人新世の「資本論」』などの著作の核にあるアイデアは、マルクスの言う「物質代謝」である。マルクスは、自然を「人間の非有機体的身体」と呼ぶ。この自然観は、人間と自然を単に分離してその間の関係を考えるような環境思想からはかけ離れたものである。それは、本章で論じた『風の谷のナウシカ』や『かぐや姫の物語』のように、まずは自然と人間との分離を脱構築している。これは、人間の活動が自然を根本的に変化させてしまうような時代、つまり「人新世」と呼ばれる時代の特徴としてとらえ返すことができよう。原初の「自然」など存在せず、人間によって変えられてしまった「第二の自然」しか存在しない時代である。ただしそのようなパースペクティヴにおいて、斎藤の読むマルクスは、「(人間も含めて)全ては自然」というところに居直ることや、また逆に技術によって自然の問題がすべて解決するだろうといった考え方は退ける。物質代謝という考え方は、人間の(生産)労働を自然と人間との間の「代謝」のプロセスの中に位置づけ直す。それは、本章で論じたような、労働を隠蔽する「自然」観への批判なのである。宮崎・高畑の「環境思想」は、こういった新たな議論を背景に豊かに読み直すことができるだろう。私は今年刊行した著書『この自由な世界と私たちの帰る場所』でこの論点を、とりわけ『もののけ姫』との関連で掘り下げた。

高畑勲は本書が出版された後、二〇一八年に死去し、監督作としては『かぐや姫の物語』が最後の作品となった。そのため、本章で述べた高畑と宮崎のあいだの「苛烈な対話」は継続されることはなかった。しかし、問題そのものは私たちの手に渡されている。

終章　ポスト新自由主義へ

本書は、現在わたしたちがおかれた労働をめぐる状況が、文化的なテクストをつうじていかに表現されているか（または隠蔽されているか）を主題としてきた。その「状況」を名指しうる言葉は新自由主義であり、ポストフォーディズムであり、グローバリゼーションであったが、とりわけ重要なのは、それらの労働をめぐる状況が、ポストフェミニズム状況という形でもっとも先鋭に現れているという点であった。

本書を通じて何度も確認したように、ここで言うポストフェミニズムとは主義としての新たなフェミニズムということではない。そうではなくそれは、第二波フェミニズム的な目標は達成されたとみなされ、したがって第二波フェミニズム的な連帯と解放の政治はすでに不必要だと想定される状況の名前であった。そこでは、福祉国家的な、再生産労働の容器としての核家族から女性は解放され、職業選択の自由を手にし、したがって消費の自由も手にしたと想定される。

そのようなポストフェミニズムは、いわば革命後の状況である。問題は、その革命とは何だったかということだ。ここで重要になるのは、第二波フェミニズムとの切断を強調するように見えるポストフェミニズムが、じつのところ第二波フェミニズムとの重要な（しかし部分的な）連続性のもとにあるということだ。つまり、ポストフェミニズムが新自由主義的な状況と親和性が高いとして、それは第二波フェミニズムにおける解放への衝動と、新自由主義的な自由への衝動が、部分的には区別がつかないことに由来する。この不穏な連続性のありさまを理解しないかぎり、わたしたちはその向こう側を、つまりポストフェミニズムと新自由主義の向こう側を見ることはできないだろうというのが、本書の底流をなす思想であった。

しかし、ここに素描したような現在は、本当にわたしたちの現在なのだろうか。わたしたちの現在とは、新自由主義という反転された革命の後の状況でしかないのだろうか。

先ほどの連続性をめぐる省察を、別の言い方で述べなおすなら、本書でわたしは支配的なものを記述し、その支配的なものがいかに残滓的なものによって構成されているのかを示すという手続きを踏んできたつもりである。つまり、新自由主義やポストフォーディズム、そしてポストフェミニズムという名称のもとに抽象化される現在を、文化的テクストの肌理《きめ》という水準で見直したときに、そこには第二波フェミニズムの残滓的な願望が確実に息づいていることが見いだされたのである。それをとらえることによってこそ、わたしたちは反転された革命としてのみ抽象化される現在の外側を見ることができるだろう。

さらに、そのような本書を締めくくるにあたってわたしは、支配的なもののうちに、残滓的なものだけではなく、勃興的なものを見る試みをしたいと思う。つまり、わたしたちの現在のうちには、すでに新自由主義の向こう側が、ポストフェミニズムの向こう側が胎動しているのではないか。それを看取する試みである。

没落系ポストフェミニストたち

二〇〇八年は、世界史にどのような年号として記憶されることになるだろうか。わたしが言っているのは、二〇〇八年九月十五日のリーマン・ブラザーズの破綻、そしてその余波として生じた世界金融恐慌のことであるが、世界史にこの事件がどのような形で語りつがれることになるのかは、恐慌そのものの性質と成り行きをいかに評価するかということに左右されるわけではかならずしもない。そうではなくそれは、リーマン・ショックを直接の原因として生じたわけではないにせよ、確実に一種の世相を表す事件として名を連ねることになるかもしれない一連の動きの評価の問題でもあるだろう。ここで言っているのは、二〇一一年からアメリカで起こった「ウォール街を占拠せよ」運動であるし、それに先行して、二〇一〇年十二月十七日のチュニジアにおける「ジャスミン革命」に端を発する、いわゆる「アラブの春」と呼ばれる一連の民主化運動であり、また二〇一一年の夏にイギリスで勃発した暴動である。アジアに目を移せば、二〇一一年の「中国版ジャスミン革命」、香港における二〇一四年の「雨傘革命」。ここに、日本の、二〇一一年三月十一日の東日本大震災とそれによる福島第一原子力発電所における原子炉のメルトダウンに対応した脱原発運動、そして脱原発デモという、近年の日本の大衆運動としては突出した動員力を誇り、いわば新たなデモの文化を生み出した運動の土壌の中から確実に成長した、二〇一五年現在起こっている安全保障関連法案に反対するデモ運動の波をつけくわえることができる。

二〇〇八年の金融恐慌とそれにつづく不況の中で、文脈も性質もさまざまに異なるものの、新たな大衆運動が生じてきている。それを、大衆運動だからという理由だけで両手放しで評価することは、もちろんできない。それを言うなら一九三〇年代のファシズムも大衆運動であった。現在が新たな一九三〇年代とならないという保証はない。

本章の元になる文章をわたしは二〇一五年の夏に書いた。その後世界で起こったことは、イギリスのEUからの離脱であり、ドナルド・トランプのアメリカ大統領就任であった。そしてまた、これらに象徴されるような、反グローバル運動としてのナショナリズムや孤立主義であった。もちろん、これらの出来事の後にも、ここまでの記述を変更する必要はないと感じている。いや、むしろ、予測があまりにも的確に当たっていてうんざりである。ブレグジットとトランプは右記の大衆運動の延長線上にある。そのさらなる延長線上に何があるのかは、当然わたしには分からない。全面的な戦争かもしれない。その場合にはリーマン・ショックは一九二九年の再来として読み替えられるだろう。

そのような保留をくわえつつもなお、またこれらの大衆運動がどのような結果になるのかに関係なく、そこには、ここ三十年から四十年の支配的な政治にはもううんざりである、という感情が確実に存在することは言える。リーマン・ショックはそのたんなる引き金であり、ウォール街を占拠した若者たちが真に否定をつきつけたのは、金融資本主義を中心とするグローバルな新自由主義であっただろう。

このような世相を早速に反映した文化的な作品が目についてきている。リーマン・ショック後ならではといえる作品であるが、本書にとって非常に興味深いことに、このポスト・リーマン・ショックを表現するのも、再び女性たち、それも本書で俎上に載せてきたようなポストフェミニストたちなのだ。

すでに第四章で触れた『ゴーン・ガール』(デイヴィッド・フィンチャー監督、二〇一四年)はまさにそのような映画(そして原作の小説)であった。この作品の主人公である、ロザムンド・パイク演じるエイミーは、ハーバード大学出身の高学歴女性であり、かつては夫のニックとともにニューヨークでライターとしてかなりの収入を得ていたことが示唆される。しかし出版不況で夫婦とも失職し、さらにニックの母が癌にかかったために、田舎のミズーリ州に引っ越すことになる。ニックは地元の大学で教職につくことになり(そこで学生と不倫をする)、エイミーは主婦となる。

この物語の背景は、どこまでもポスト・リーマン・ショックの世界である。すでに指摘したように、原作では、ニックの双子の妹ゴーはIT産業から金融産業という、新自由主義時代の花形産業を渡り歩いた上で失業しているし、ニックとエイミーが移り住む新興住宅地では、ローンを支払えなくなったシングルマザーが姿を消したりしている(Flynn pp. 30-31)。

エイミーは、物語が始まる前には、第一章でわたしが勝ち組ポストフェミニストと名づけたような女性像をなぞっている。すなわち、多くの場合高学歴で専門職(とりわけメディアやクリエイティヴ産業の職）につき、高収入を得るような女性像である。しかしエイミーはそこから脱落する。その脱落は、エイミーの親が書いてベストセラーとなっていた『完璧《アメイジング》なエイミー』という児童書の中の自分の像からの逸脱でもあっただろう。エイミーは、ニックに自分を殺した殺人罪の濡れ衣を着せるという、一種の完全犯罪を行おうとする。これは表面的にはニックの浮気への復讐ということになるだろう。しかし、エイミーが没落したポストフェミニストであるという観点からすれば、エイミーの完全犯罪は田舎で主婦をせざるを得なくなったポストフェミニストの復讐劇なのである。

ここまでは第四章で論じたところである。さらにこの作品に全体的な読解と評価をくわえるならば、この作品の慧眼は、このような没落系ポストフェミニストと表裏一体の主観・視点として、没落する中産階級男性を置いていることにある。ここで言っているのはニックのことであるが、より正確に言えば、経済的に専業主婦の家庭を支えることのかなわなくなった中産階級男性のパニックを、エイミーというファム・ファタール的な形象は表現していると言っていいだろう。この映画が（この点は原作のほうがより明確であるが）エイミーとニックという二人の主観と語りで構成されているのは、現在の状況が中産階級男性の没落と、主婦の消滅（女性の社会進出）という二面で構成されていることを示すためのみごとな仕掛けなのである。このあとにも触れる白河桃子は、日本の状況について、「「中流男性の没落」が進む速度に、女性の社会進出が追いついていかなかった」と述べているが(白河、二三三頁)、『ゴーン・ガール』の場合は、中流男性の没落はそのままに、社会進出したはずの女性が家庭にもどってこざるをえなくなるというポスト・リーマン・ショック状況を描いている。いずれにせよ、専業主婦とは本来選べない選択肢であり、エイミーにとってもニックにとっても呪うべき対象である。

主婦が勝ち組?――ハウスワイフ2・0から『逃げ恥』へ

このような形での主婦の否定とちょうど表裏一体の形で、新たな主婦への回帰が、同じ時代の背景から生じてきている。たとえばその最先端が、『ゴーン・ガール』のエイミーと同じハーバード大学卒のエミリー・マッチャーであろう(図版1)。彼女の『ハウスワイフ2・0』の翻訳の帯には、「キャリア女性の時代は終わった。/私たちは会社に使われない新しい生き方をめざす。」とある。高学歴のポストフェミニストたちの一部は、会社と高度なキャリアから「選択的に離脱する」こと(第二章)を行っている。離脱をして何をしているかといえば、郊外の家でエコ/ロハス系の生活をいとなんでいるというのだ。鶏を飼って卵を拾い、家庭菜園で野菜を育てる。手作りのジャムやピクルス、カップケーキや手編みのマフラーを、インターネット上で売る。インターネットといえば、これらの主婦たちは、その生活スタイル自体を、ブログで報告して膨大なアクセスを得るという形で売り出している。そもそも「ハウスワイフ2・0」たちの生活スタイルを報告してベストセラーを書いたエミリー・マッチャー自身が、そのような生活の実践者である。

　これはいったいいかなる主婦回帰なのか？　そもそも主婦という生き方を肯定するだけではなく、有機体的な生活への回帰を夢見るかのようなこれらのハウスワイフたちは、ベタベタの保守であるようにも見える。ところがどうやら、選択的な離脱を行う彼女たちの多くは、自分たちをフェミニストと考えている（『ハウスワイフ2・0』六九～七一頁）。

　おそらく、彼女たちが保守なのかリベラル・革新なのかを決定することにそれほどの意味はないだろう。重要なのは、これが新自由主義に対するリアクション

図版1　『ハウスワイフ2.0』（文藝春秋）

であるということだ。彼女たちが選択的な離脱をするのはなぜか。アメリカという国は、女性の社会進出が進んだ国というイメージがあるかもしれない。しかし、マッチャーに言わせれば、それは働く女性の過剰な労働に依存している。先進国で有給の産休がないのはアメリカだけであるし、それどころか有給休暇そのものが保障されていない。子供が病気になっても、アメリカの母親は仕事を休めるとはかぎらない。そのような環境の中でバリバリと働いて「活躍」しなければならないという新自由主義の命令にうんざりして離脱をする。だからこそ主婦に回帰する彼女たちはフェミニストという自己認識を持つのである（六一〜六七頁）。ただし確認されるべきなのは、ハウスワイフ2・0はハウスワイフ1・0ではない、という当たり前のことである。つまり、新自由主義からの離脱を言う彼女たちには、福祉国家的な主婦へと回帰する道は残されていない。

では残されている道は何か。エコやロハス的とはいえ、彼女たちは自然状態の中で完全自給自足をできるわけではない。そこで出てくるのが起業である。手作りのクラフトやピクルスを、ネット販売会社エッツィーで売る。ブログで人気を出して、カリスマ主婦として広告収入を得る。

いかにもあやうい。そのような主婦像は、一体、どれだけ多くの人に実践可能なのだろうか？　実践できるとして、そのような女性はなんらかの社会経済的な基盤を、すでに持っている側だからこそできるのではないか？　著者のエミリー・マッチャーは、このあやうさに気づかないほどにナイーブではない。カリスマ・ブロガーとなって生活費をまかなえるほどの広告収入を得る主婦はほんの一握りであるし、手作りの商品の売買がいかにも割に合わないものであることは、しっかりと指摘されている。全体としてみれば結局、ハウスワイフ2・0たちはネット起業家たちにいいようにやりがい搾取されているのではないか？　主婦回帰は結構だが、主たる収入源（つまり男性）がそもそもあやうくなっている現在にあって、それはいかにも砂上の楼閣なのではないか？

先に触れた白河桃子（『専業主婦になりたい女たち』）も、日本における「主婦回帰」の傾向を報告しつつ、最後には専業主婦の「落とし穴」と「リスク」を指摘する（第四章および第五章）。問題はそれほど複雑ではない。そもそも、専業主婦を人にうらやまれるようなものにしているのが、男性の雇用と給与が落ち込み、女性たちが自己実現という意味ではなく共働きを強いられている状況であるなら、職を捨てて専業主婦となることは、経済的リスクをともなって当然なのである。

第三章で簡単に触れた『逃げるは恥だが役に立つ』は、そういった事情をみごとに問題化している。有償の家事労働を請け負う契約結婚をしていた主人公のみくりと平匡は、物語の後半において恋に落ち、本当の結婚をすることを決意する。しかしここで問題が生じる。IT企業でエンジニアをしていた平匡が、リストラにあってしまうのだ。平匡は、プロポーズの理由として、リストラにあってしまった今、みくりと結婚して彼女の給与を節約した方が合理的であると説明し、みくりはそれに対して「それは「好き」の搾取です」と、「愛情の搾取」に反発する。

没落する男性中産階級としての平匡は、みくりを専業主婦化することでその苦境を解決しようとする。それに対するみくりの反発には二つの意味があるだろう。ひとつは彼女が言うとおり、不払い労働としての家事労働は搾取であるということ。そしてもうひとつは、平匡が夢見るような、福祉国家下での核家族的な専業主婦は幻想であるということだ。

だが、みくりは単に福祉国家批判をしているだけではない。彼女は新自由主義的状況の中から、家事労働やケア労働も含むコミュニティ生産の労働（第一章を参照）の新たなビジョンをつむぎだそうと苦闘するのである。単純に考えると、みくりには平匡と結婚せず、一人で就職して家事労働に関する矛盾には直面しないという選択肢があるはずだが、みくりの叔母であるキャリアウーマンの土屋百合の存在によって、その選択肢はあらかじめ消去されている。五十二歳の彼女は、美人であるゆえに若いころには男性にモテたが、結局結婚はおろか性的経験もないままに化粧品会社で管理職として働いている。『逃げ恥』の特に後半部分はこの「百合ちゃん」がもうひとりの主人公と言ってもいいけれども、とりあえずは仕事に邁進して婚期を逃した女性という典型像であり、みくりにその選択肢は与えられない。

興味深いのは、みくりがハウスワイフ2・0的なプロジェクトに乗り出していることである。みくりは地元の友人で八百屋の娘で、物語の途中からシングルマザーとなるやっさんを手伝って、野菜からジャムを作って売り出すことでうだつの上がらない八百屋にイノベーションをもたらそうとする（このあたりがいかにもハウスワイフ2・0的である）。それだけではなく、地元の商店街を巻きこんで、神社の境内で青空市を開くというプロジェクトにも乗り出す。このプロジェクトのために多忙となったみくりは、以前のようなクオリティで家事をすることができなくなり、二人は話し合いの上で二人を二人の家庭の共同経営責任者とみなして、要するに家事の分担をする努力をする。

この物語の最後のシークエンスでみくりが目指しているものは、主婦の否定ではなく、ハウスワイフ2・0的な新たな主婦像、そしてそれにともなう新たな夫婦・家族像であろう。さらには、賃金労働化を徹底するという意味で、みくりはハウスワイフ2・0を（『逃げ恥』ドラマ版の主題歌の歌詞で言えば）「超えて」いく。そのことは、ドラマ版よりも海野つなみによる同名の原作でより明確である。漫画原作のドラマとの重要な違いは、まず平匡のリストラ後の転職先である。ドラマ版では、ITエンジニアである平匡は単に給料のより安い会社に転職するが、原作では、そもそも解雇される前に同僚の誘いを受けてヘッドハンティングされ、転職をしている。重要なのはその転職先である。どうやらその会社は、たとえばシェアハウスを仲介し、そこに高齢者と子持ち家庭など、おたがいのニーズが合致する人びとを住まわせるといった事業を行っているらしい。また、結局はみくりが行うことになる、商店街の青空市のコンサルティング業務にも、この会社から一度はコンサルタントが派遣されているので、そのような地域振興事業のコンサルティング業務も、この会社は行っていることがうかがい知れる（ただ、その料金があまりにも高かったために、商店街は結局みくりを安い時給で雇うことになる）。つまり、この会社は、現代において不調をきたしているコミュニティ生産を有償で受け持つサービスを行っていると言いかえることができるだろう。平匡がこの会社の上司と話した際に、この上司は「新しく仕事を作った人がこの世で一番えらい人だ」という主旨の話をする（第七巻、三四～三五頁）。これは、この会社が起業系のベンチャーだということだけを意味しているわけではない。この会社の業務はあまり具体的には語られず、読者に分かるのはここまで述べたようなシェアハウスにおけるニーズのマッチングであるとか、地域振興事業のコンサルティングであるが、そこから推測できるのは、この会社はこれまで市場化されていなかったそのようなコミュニティ生産を市場化することから利益を得ているらしい、ということである。「新しく仕事を作る」とはそういうことだ。そのかぎりで、この職種はどうやら、NPO・NGO的なものが新自由主義下で、国家に肩代わりして負ってきた中間的なものの役割（これについてはハーヴェイの第三章を参照）を、市場化して引き継ぐものだと定義できる。言い方を変えれば、いまだに市場化されていなかったコミュニティ生産の労働からこそ利潤を生み出そうとする業種である。後期新自由主義的な職種の精髄とでも言えるか。

みくりは最終的に、商店街の青空市のコンサルティングを成功させ、そこにみずからの天職を見いだし、就職活動を開始する。そして、平匡と同じ会社には採用されないものの、おそらく同業種の会社に無事採用される。みくりがこの業種に道を見いだしたのはなぜだろうか。答えは明白である。それは、あらゆる労働（とりわけ家事労働を代表とするコミュニティ生産の労働）を賃金労働化するというみくりの原理に、この職種がぴったりと合致するからだ。

以上の観点から、『逃げ恥』の物語の流れを確認しよう。本当に恋に落ちた二人は結婚することになるのだが、そこでみくりには精神的危機が訪れ、みくりは伯母の百合の家に転がり込み、二人はしばらく別居することになる。この精神的危機が一体何だったのかと言えば、それは彼女が専業主婦になってしまうという危機である。それがなぜ危機なのかということには、二つの説明が可能だろう。ひとつは、けっして無償労働をしないというみくりの原理に反するということである。その原理に照らすと、専業主婦という無償労働はあり得ないのだ。専業主婦になることが危機であるもうひとつの理由は、すでに述べた通りである。ポスト・リーマン・ショックの現在、専業主婦はますます「贅沢品」となり、たとえ望んだとしても手の届かないものになっているということだ。この二つ目の理由は、あまり明示的には示されない。しかし、それを漠とした文脈としていると考えないと、みくりの専業主婦否定はうまく説明できないだろう。

さて、そのような危機を解消するために、みくりはみずからの（そして同時に平匡の）労働を再構成する必要に迫られる。ひとつは、家庭の外で賃金労働を行うこと。そしてもうひとつは、家庭内での無償労働を平匡と分担すること（ゆえに、共同経営責任者となる)。このうちの前者の、外での賃金労働の職種が、先に述べたようなコミュニティ生産の業種であるということは、非常に示唆的だ。それは、主婦として無償労働をしたくはないというみくりの願望をみごとに反映した職種だからである。

どうやら、第三章の結論で『魔女の宅急便』と『千と千尋』について述べたのと同じことが、『逃げ恥』についても言えそうである。つまり、この作品はケア労働の有償労働化を描いているが、そこでは通常の賃労働のダンピングがセットになっている。もちろん、ラブコメであるがゆえに、このドラマは、主人公たちが「会社」と見立てる家族が資本主義的な再生産の装置であるとか、それゆえにみくりを本当の意味で搾取しているのは平匡ではなく資本主義であるといった視点に到達することはない。また、現実の賃労働の過酷さを描き出すようなこともない(登場人物たちは、非常に都市的な環境で悠々と労働をしているように見える)。それどころかむしろ、現在の新たな資本主義下で(つまりポストフェミニズム状況で)可能な――つまりその状況を延命させるための――家族像を再構築する試みであるという意味では、このドラマは最終的には反動的だと言うしかない。だが、中産階級男性の没落と、新たであやうい主婦像の出現が、このドラマに刻印されているのは確かだ。

セレブ主婦の蜃気楼

そのようなあやうさを主題にしつつ、ポスト・リーマン・ショックの現代におけるポストフェミニストのひとつのゆくえを描いてみせたのが、ウディ・アレン監督の『ブルージャスミン』（二〇一三年）である（図版2）。この作品はハウスワイフ2・0や『逃げ恥』の、オルタナティブな主婦像に対して、どこまでも冷笑的である。

ケイト・ブランシェット演じる主人公のジャスミンは、金融実業家の夫とともにニューヨークでセレブ生活を謳歌していたが、夫が詐欺罪によって逮捕、財産を失う。手に職をつけてこなかったジャスミンは、精神不安定で安定剤を手放せない状態のまま、サンフランシスコに住む異母妹のジンジャー（サリー・ホーキンス）のところへと転がり込む（物語の現在時はここから始まり、ジャスミンのフラッシュバックという形でそれ以前の事情が再構成されていく）。ジンジャーは前夫のオーギーと離婚し、現在は恋人のチリとの同棲を考えている。（元）セレブのジャスミンと比較して、レジ打ちのパートをしながらダメ男を渡り歩くジンジャー。早くジャスミンに自立してほしいジンジャーを尻目に、ジャスミンは「インテリアデザイナーになりたいのだが、まずはパソコンの使用法をマスターし、その上でオンラインの講座を受けるのだ」などとふわふわとした迂遠なことを言う。結局、チリの友人に紹介されてジャスミンは歯科医のアシスタントとして働き始めるが、その歯科医に言い寄られて辞めることになってしまう。ジャスミンはパーティーで出会った外交官のドワイトと交際を始めるが、彼の気を引くために、自分の過去を隠して嘘に嘘を重ねていく（一方でジンジャーは、パーティーで出会ったアルと恋に落ち、チリと破局するが、結局アルには妻がいることがあきらかになる）。ドワイトとの婚約手前までこぎつけたジャスミンだが、偶然にもオーギーがドワイトに彼女の過去を暴露してしまい、ジャスミンはドワイトを失う。最終的に何もかも失ったジャスミンは、ドワイトと結婚してセレブ生活に戻るのだと嘘をついて、チリとよりを戻したジンジャーの家から、独り去る。

図版２　『ブルージャスミン』（販売元：KADOKAWA）

この作品も『ゴーン・ガール』と同様に、ポスト・リーマン・ショックの作品だといえる。ジャスミンが没落する理由は金融恐慌ではなく、夫の詐欺が露見したことではあるものの、比喩的な水準ではリーマン・ショックが念頭に置かれているだろう。また『アナ雪』と同様に、

（没落しているものの）勝ち組ポストフェミニスト（ジャスミン）と負け組ポストフェミニスト（ジンジャー）を描き込んでいるという意味で、典型的な形でポストフェミニズム状況を描きつつも、それをポスト・リーマン・ショックの文脈で再検討する映画だと言える。しかしこの作品がこれまでのポストフェミニズム作品と比べて非典型的なのは、主人公の（没落）勝ち組ポストフェミニストたるジャスミンが、職業的能力をまったく持たず、夫の富にひたすら依存してきた女性であるという点だろう。この設定によって何が含意されているのかは、ここまでの議論ですでに結論が出ている。つまり、サンドバーグ的なポストフェミニストになることを否定して（もしくは単純にそうなれなくて）ハウスワイフ2・0のような主婦へと回帰しようとしても、はたまた『逃げ恥』のみくりのように、コミュニティ生産の労働を賃金労働化しようとしても、そのような道は残されていない、ほとんどの女性はジャスミンのように、そのための学歴もスキルも持ちあわせていない、というのが『ブルージャスミン』のメッセージなのだ。

それではジャスミンに残された道は何だろうか？　ハウスワイフ1・0はもちろん、ハウスワイフ2・0にもなれないし、『ゴーン・ガール』のエイミーのような完全犯罪を企図する才覚もなければ、また『逃げ恥』のみくりのような形での就職の道もないジャスミンに？　現実的に考えて、彼女は金持ちの結婚相手を見つけてセレブ生活をするという「専業主婦の蜃気楼」を手放して、なんとか日々の生活を支えるためだけの職を得て生きていくしかあるまい。おそらくそれは貧困の中での人生になるだろうけれども。

貧困女子の奮起

ジャスミンは立ち上がることができるか。それを考えるために、『ゴーン・ガール』や『ブルージャスミン』とはまったく文脈も設定も登場人物も異なるが、やはり同じポストフェミニズム状況と、さらにはポスト・リーマン・ショックの世界を生きる女性を描いた日本映画を検討しておきたい。武正晴監督、安藤サクラ主演の『百円の恋』（二〇一四年）である（図版3）。

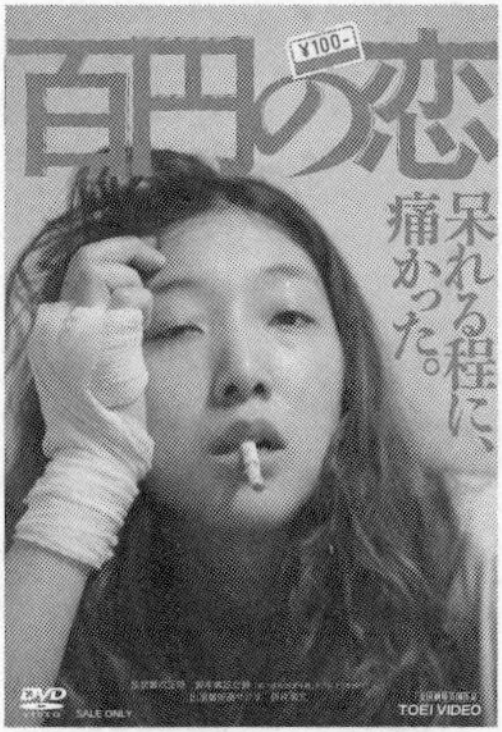

図版３　『百円の恋』（販売元：TOEI COMPANY,LID.）

安藤サクラ演ずる一子《いちこ》は三十二歳。弁当屋を営む実家で、ニート生活をしている。髪はボサボサ、着るものは昼も夜も寝間着、深夜に百円ショップで買い食いをする体はぶよぶよで歩く姿勢もいかにも悪い（この時点で、ブリジット・ジョーンズをさらに自堕落にした負け組ポストフェミニストの匂いがプンプンとする）。離婚して実家に子連れで帰ってきていた妹の二三子《ふみこ》と、一子は大げんかをし、家を出ることになる。安アパート暮らしを始めた一子は、常連客として通っていた百円ショップで働くことになる。バイトへの通勤路で、一子はボクシングジムでストイックに練習に励む狩野祐二に興味を抱く。ある日、客として百円ショップに来た狩野は自分の試合のチケットを一子に渡す。バイトの同僚である、バツイチ中年の野間と観戦に行く一子。狩野は試合に負け、一子と野間と食事に行くが、狩野は野間の、一子とつきあっているという嘘を真に受けて帰ってしまう。野間はその後、一子を無理矢理にラブホテルに連れ込んでレイプする。

一子はボクシングに興味を持ち、狩野のいたジムに入って一応のトレーニングを始めるが、狩野はもう引退してしまったという。そんな折に、百円ショップに来た狩野が（おそらくインフルエンザで）嘔吐をするという事件があり、それを看病した一子と狩野は深い仲になる。だが狩野はやがて、一子を捨てて行商の豆腐屋の娘のもとへと去ってしまう。ここで、一子は覚醒し奮起する。三十二歳という年齢制限ぎりぎりであるものの、猛烈なトレーニングをつんでプロテストに合格。試合に向けてさらなる特訓をする。だが、試合は一方的なものとなった。サンドバッグのように打たれる一子。最後に得意の左フックを当てるものの、あえなく敗戦。試合の後、会場の外では観戦に来ていた狩野が一子を待っていた。「勝ちたかった……一度でいいから……勝ってみたいの」と泣きじゃくる一子。狩野は「飯でも行くか」と一子の手を引いていく。

以上のような物語であるが、この映画の魅力はとにかく、奮起した後の一子の豹変ぶりと、最後のボクシングの試合へと向けた息もつかせぬ盛り上がりであろう。その姿と最後の負けっぷり、そして「勝ちたかった」と泣く一子の泣きっぷりは本当に感動的である。それが感動的なだけに、一子が狩野に手を引かれていく最後の場面が残念でならない。どうしようもない底辺社会（百円ショップの店員たちがそれをいやというほど描き出す）で、気持ちの悪い（本当に気持ちが悪い）男にレイプまでされ、一方で目標に向けて励む姿に惚れた男（狩野）は夢破れてほかの女のもとに去って行く。一子はそんな人生に一矢報いようとする。負け組ポストフェミニストであることをやめ、戦闘少女になろうとする。

ここでのポイントは、一子が狩野の破れた夢をひきつぐ形になっていることである。一子には、狩野という男の庇護下に入って、たとえば専業主婦になることは、狩野自身が敗北しているために、あり得ない選択肢である。この構図は、まさにジャスミンの苦境であった。一子のボクシングは、男性労働者の没落を受けて戦闘少女化（社会進出）せざるを得ないポストフェミニズム状況の象徴なのだ。ジャスミンにはボクシングさえ与えられなかったけれども。であるからこそ、最後に狩野が一子の手を引いていくことは残念であり皮肉である。言ってみれば、ここで手を引かれたことは一子の、ボクシングの敗北より大きな最大の敗北であろう（ただし、この場面で一子の身体は、手を引かれることをわずかに拒絶しているようにも見える。安藤サクラという俳優の魅力は、非常に中途半端に見えるけれどもそれゆえに強い異化作用を持つ身体の動きであるが、この場面にもそれは発揮されているように思える）。

ともかくも、客観的に見て、あのまま一子と狩野がつきあい、結婚するようなことがあっても、それはいわば弱者同盟の成立でしかない。一子は彼女をとりまくすべてに一矢報いようとした。しかし、得られたのはたった一発の左フックだったのである。

エイミーたちの願いとジンジャーたちの連帯

何が問題なのだろう。不況と貧困をそのテーマ系へと取り込み始めた、わたしがポスト・リーマン・ショックと名づけた時代の作品たちは、なぜここまで袋小路に入ってしまっているのだろうか。

問題は、連帯の不在である。そして集団的な社会の変化のビジョンの不在である。たとえば、『ハウスワイフ2・0』のエミリー・マッチャーも、しっかりとそのことを問題としている。

二〇一一年に、不況に有効な手立てを打てないでいる政府への抗議活動がはじまった。もちろん、それはいまでも続いていて、抗議活動をおこなっているのは若者だ。そういう若者がいる一方で、二十、三十代の大半は、みんなが一丸となって政治に抗議することにあまり関心がない。個人の意志を尊重するように育てられたせいなのか、わたしたちの世代は、国の政策よりも、個人の選択のほうが大切だと考えている。政府の食品管理体制がなっていない？　ならば、自分で野菜を育てればいい。地球温暖化が心配だ？　だったら、ハイブリッドの車を買えばいい、というわけだ。（二八二頁）

自分で野菜を育てたりハイブリッド車を買ったりできるならまだいい。一子のような女はどうすればいい？　集団的な社会の変化を想像できないのはもちろん、どこまでも個人化され、また客観的にも彼女のキャリアを開くようなものでもなんでもないボクシングという形でしか、変化を想像しえない場合には、どうすればいい？

必要なのは、連帯である。じつのところ、『百円の恋』にはそのような連帯の萌芽が刻み込まれている。一子が最終的にボクシングの試合に向かう時の動機となっているのは、狩野でないのはもちろん、自分の功名心でもない。物語上、もっとも重要なモメントは、先ほどのあらすじには書かなかった脇筋である。一子の働く百円ショップの底辺社会の仲間たちのひとりには、元店員だがレジの金を盗んでクビになった池内敏子という女性がいる。彼女は、毎日店のバックヤードに来て、廃棄処分になった弁当を物乞いする。本部から派遣された店長は彼女を口汚くののしっては、弁当をやらないように一子に言うが、一子は敏子に弁当を渡しつづける。最終的に店長は、弁当の中身をゴミ袋に入れて、「あいつらなんかこれで十分だから」と、そのまま敏子にやってしまえと一子に命じる。腹に据えかねた一子は店長を殴り、その場でクビになる。一子が店を去ろうとしたところに、包丁を持った敏子が登場。強盗を働いて、おそらく店長を刺してしまう。店を出てきた敏子は一子に「ありがとね」と言って、二人は別れる。

言ってみれば、一子は自分のためと同時に、数多くの敏子たちのために戦うのであ

ない。

にもはかない弱者たちの連帯である。それは、一子の左フックと同じくらいに、はかなものがあるとすれば、それは敏子との連帯にあるだろう。もちろん、これはあまりる。ほとんど孤独で個人的な、はかない戦いに見える一子の挑戦に、なんらか集団的

　ひるがえってたとえば『ブルージャスミン』にそのような連帯の可能性が示されるかといえば、こちらの映画はどこまでも悪意に満ちているというべきか、ジャスミンをどれだけ個人的にであろうとも救うかもしれない連帯の萌芽は見いだせない。連帯があり得るとして、それは異母妹のジンジャーとのあいだにあるべきだろう。ところが、その連帯はあらかじめ封じられている。ジンジャーの元夫であるオーギーは、ジャスミンとジンジャーの勧めもあって彼女の元夫のハルに、宝くじで当てた二十万ドルの運用を任せてしまう。その後ハルは逮捕され、二十万ドルは泡と消えてしまう(この逮捕は、ハルの浮気の復讐のためにFBIに通報したジャスミンのせいであると、最後にあきらかになる)。ジンジャーとオーギーの離婚はおそらくこれが原因だったのだろう。つまり、ジンジャーはハルが象徴しジャスミンが追認する新自由主義的な金融資本主義の犠牲となった貧者なのである。サブプライム・ローンで家を失った人びとを彷彿とさせる、新自由主義の犠牲者だ。ジャスミンとジンジャーは加害者と被害者

という形で明確に分断されており、物語はその分断が確認されることで終わる。『ブルージャスミン』は、連帯の可能性についてはどこまでも冷笑的である。

だがしかし、そのような連帯への萌芽的な希求というものは、存在する。最後に検討したいのは、やはり部分的にはポストフェミニズム、部分的にはポスト・リーマン・ショック的な映画ではあるが、そのような中でも連帯とは何であったかをわたしたちに思い出させてくれる映画だ。二〇一〇年に公開された『メイド・イン・ダゲナム』(『ファクトリー・ウーマン』)(注1)。この作品を紹介・検討することで、本書を締めくくることにしたい。

『メイド・イン・ダゲナム』は一九六八年に、フォード自動車のイギリス・ダゲナム工場で実際に起きた女性ミシン工たちによるストライキに材を取った映画である。フォード社の労働組合は、一八七名の女性ミシン工たちが、非熟練工として差別的な待遇を受けていることに対してストライキを行う。その際、それまでは特に政治的な運動に深く参加していなかったリタに、機転とリーダーシップの才能があることに目をつけた組合員アルバートは、組合執行部との面談に彼女を連れて行く。男女同一賃金(equal pay)を求めるリタたちに対して、妥協案を示して会社との痛み分けを狙う組合執行部。リタは反発し、ストの続行を宣言する。

一方で、リタの息子が学校のクラーク先生に体罰を受けていることが判明し、リタはクラーク先生に抗議をしに行く。そこで偶然に、同じく体罰への抗議をしに来ていたリサと知り合いになる。

ストライキによって、自動車のシートの供給が止まったフォードの工場は操業ストップを強いられ、リタたちの要求が通るまであと一歩というところまで、会社は追い詰められる。だが、会社に汚職の弱みを握られた組合執行部はストライキをやめるように圧力をかけてくる。それに追い打ちをかけるように、家事を満足にできず、給与も減ってしまったリタは夫と不仲となり、さらに共に闘ってきたコニーの夫が、コニーが組合との交渉に出ていたあいだに自殺してしまう。

危機に陥ったリタのもとに、突然にリサが訪問してくる。学校での抗議運動の効果

注1　残念ながらこの映画は日本では劇場公開されなかった。またDVDなどのフォーマットで日本版は発売されておらず、Apple社のiTunesのビデオ配信、Amazon社のPrime VideoおよびU-NEXTで購入・レンタル視聴することができる（二〇一七年現在）。ただし、邦題は『ファクトリー・ウーマン』とされている。この邦題は少々安易なので、本稿では原題をそのままカタカナにして『メイド・イン・ダゲナム』とする。

があって、クラーク先生は学校を辞めることになったという報告だったが、そこでリサは、自分が工場長のホプキンズの妻であることを告白する。戸惑うリタに、リサはストライキへの励ましの言葉をかける。リタはリサの言葉を受けて、組合の総会に行く決心をする。そこでのスピーチによって組合の支持を勝ちとるリタたち。ついには雇用大臣のバーバラ・キャッスルとの面談が実現する。キャッスルとの面談の結果、フォードは女性労働者に男性の九割以上の給料を出すと約束することになり、その後、この事件は一九七〇年の男女同一賃金法に結実する。

この映画は、一九六八年のストライキをあつかっている時点で、連帯と集団的な社会変革を主題にしていて当然だという反論もあるかもしれない。しかし、この作品がまずは二〇一〇年の作品であることを理解しておくことが重要である。事実、女性たちの労働運動を描くこの映画には、二〇一〇年という時代の刻印がしっかりと刻まれている。一種のポストフェミニズムが、この作品にも確実に作用しているのである。

とりあえず二点、その刻印を挙げておきたい。ひとつは労働組合の表象である。『メイド・イン・ダゲナム』の労働組合執行委員会の幹部たちは、会社の御用組合となっているのみならず、集会の前に組合の予算を使って高級レストランで食事をするなど、かなり腐敗したものとして描かれる。それとの対照で、男女同一賃金という原則を曲げないリタの颯爽たる態度が際立つようになっているわけだ。ここでは、福祉国家批判および大企業批判と、労働組合批判がないまぜになっている。そのような批判が反転して新自由主義へとなだれこんだことは、ここまでくりかえし論じてきた通りだ。

もうひとつの問題は、リタたちの要求、つまり男女同一賃金は、本来あくまで経済的な問題であり、再分配の問題なのであるが、映画を通して、それは女の尊厳の問題へと切りつめられているように見えることである。もちろん、労働者階級の女性たちの経済的な窮状が描かれないわけではないが、それは副次的なものであり、彼女たちはあくまで「プライド」のために運動を行っているかのようなのだ。第二章で論じたナンシー・フレイザーは、現在のフェミニズムの問題の本質を承認と再分配のジレンマに見いだしている。フレイザーによれば、九〇年代以降のフェミニズムの政治は、アイデンティティの政治、つまり文化的な主体の承認の問題に偏ってしまい、社会経済的な格差の問題、つまり再分配の問題が問われなくなってしまった。この承認への偏りもポストフェミニズムの一側面だと言えるだろう。リタたちによる要求は、社会主義フェミニズム的な要求であるにもかかわらず、文化的承認の要求として表象される。

そして、このすべては、この映画の題材となっているダゲナムのストライキの歴史的位置づけと無関係ではない。一九六八年の運動のひとつの問題は、それが従来的な労働運動とたもとを分かち、マルクス主義や労働運動を中心とはしない新しい社会運動へと分裂し、最終的には新自由主義への道を均《なら》してしまった部分があるということであった。『メイド・イン・ダゲナム』は、一面的には、新しい社会運動の物語である。

さて、このような問題を抱えつつも、わたしは『メイド・イン・ダゲナム』はまさにそのポストフェミニズムを乗り越える道を指し示していると考えている。そしてポストフェミニズムを乗り越えることとは、ポストフェミニズムを否定することではなく、第二波フェミニズムとポストフェミニズムの連続性を見すえ、その先に、それらの対立を乗り越えた第三波フェミニズムを構想することになるだろう。

その道とは、ここまで論じてきたポスト・リーマン・ショックの作品群が、そしてわたしたちが忘却してしまった連帯のあり方である。その連帯とは、主人公リタと、フォードの工場長の妻であるリサとの連帯だ。リサは、ケンブリッジ大学の出身であり、時代が時代なら専門職について自己実現をするポストフェミニスト——つまり勝ち組ポストフェミニスト——になっていておかしくない人物だ。しかし彼女は家庭の中に閉じ込められ、主婦として自分を押し殺している。つぎに引用するのは、工場長の夫ピーターが自宅に、スト対策でアメリカから渡ってきた上司（ロバート・トゥーリー）を招いて食事をしている（そしてリサは主婦として給仕をしている）場面である。

ピーター　（リサに）ブランデーグラスを頼む。

トゥーリー　リサと呼んでも？　大変な才女だと聞いた。ケンブリッジで歴史の勉強を？

リサ　そうです。

トゥーリー　工場の問題についてぜひ意見をうかがいたい。ご主人は手ぬるいと？　甘すぎる？

リサ　いいえとんでもない。その逆ですわ。ヴォクソールではストが起きていない。親会社のGM側に理解があるからよ。でもフォードは……組合を厄介者だと思ってるでしょ？　だから労働者側も会社を敵視するんだわ。

（気まずい沈黙）

トゥーリー　これは驚いた。ずいぶん進歩的な奥さんだ。

ピーター　チーズを。
リサ　え？
ピーター　チーズを持ってきてくれ。（と、リサを体よく追い払う）

リサとリタは、作品の前半で、おたがいの立場を知らないままに結びついている。それは、二人の子供たちの担任が体罰教師であり、それに対する抗議活動を通じた結びつきであった。そしてつぎの場面は、コニーの夫が自殺をし、ストライキも追い詰められた危機的な場面である。ここでは、リサが突然リタの自宅を訪問し、二人が抗議運動をしていた体罰教師が更迭されたことを報告する。報告を済ませて帰ろうとしたリサは、思いとどまってふりかえり、つぎのように言う。

リサ　わたしの夫はピーター・ホプキンズなの。
リタ　え？
リサ　工場の。あなた、そのことを知らないみたいだったので。わたしもあなたが何者だか知らなかった。ストのこと。
リタ　どういうこと？　ストをやめろと言いに来たの？　だとしたら、ごめんなさい、冗談じゃなく、大変な一日だったものだからもう……。

リサ　ちがうの。ストを続けてほしいの。わたしがどういう人間だか知ってる？

実際は？

リタ　いや、知らない。

リサ　わたしはリサ・バーネット。三十一歳。世界有数の名門大学を優等で卒業した。なのに夫はわたしをバカ扱い。学位を取るために勉強していたときは、とても幸せだった。勉強がとても楽しくて。歴史を作った偉大なひとたちについて読むのが本当に楽しかった。そして、わたしもそんなふうに歴史を作れたらどんな感じだろうと。だから、あなたが歴史を作り終わったら、どんな気分だったか教えてね。負けないで。約束よ。

リタは、このリサの言葉を受けとめて、イーストボーンで行われる組合の大会に乗り込む決意をする。もちろんリサは、福祉国家の核家族制度にとらわれて自己を実現できないでいる人間であり、その解放――主婦からの解放――への願望を受けとめるリタは、第二波フェミニストに、この瞬間になるのだと言える。リサのかなえられなかった願望を、階級を超えて受け渡すこの場面は、純粋に感動的である。リタは雇用大臣との面会にあたって、リサに借りたドレスに身を包む。ここには確実に、力を与えるシスターフッドのかたちがある。他者の願望を受け取ってそれを実現させようとすることは、たんに自分個人の願望を実現させようとする場合よりも、はるかに大きな力を与える。それこそが連帯というものの意義だ。

リタとリサの連帯が可能にするものは何だろうか。それは、マリア・ミースの言葉を借りれば、主婦化する労働に対する抵抗である。主婦化とは、資本蓄積のプロセスに家事労働（無償労働）が果たす役割を強調する言葉だ。

（…）主婦化とは、資本家が負担しなければならないコストを外部化することだ（…）。これは女性の労働が簡単に手に入る空気や水のような天然資源と考えられているということだ。

主婦化とは同時にこれらの隠れた労働者を一人ひとりばらばらにすることである。これは女性が政治力を欠いているだけでなく、団体交渉の力を欠いているためでもある。（二六六頁）

リタとリサは、それぞれのかたちで主婦化されている。リサは文字通りの主婦となることによって。そしてリタは、非熟練労働のカテゴリーに入れられて賃金を抑制されることによって。二人の連帯はこの二つの水準の主婦化が、資本蓄積への貢献という意味では同じ水準にあることをあきらかにするのだ。

だが、この二人の連帯はじつはかなり複雑な構造を持っており、その複雑さこそが二人の連帯のかなめなのである。ここでひとつの事実を確認しておきたい。リタとリサを演じる俳優についてである。じつは、リタはサリー・ホーキンス、リサはロザムンド・パイクが演じている。そう、『ブルージャスミン』でジンジャーを、『ゴーン・ガール』でエイミーをそれぞれ演じることになる俳優たちだ。ここには偶然の一致以上のものを感じないではいられない。つまり、この一致が物語るのは、おそらく時代が下って一九九〇年代さらには二〇〇〇年代になれば、リタはアンダークラスの貧困女性（ジンジャー）となり、リサはガラスの天井を破って新自由主義的な労働市場を力強く生き抜くキャリア女性（エイミー）になったことだろう、ということだ。つまり、負け組ポストフェミニストと勝ち組ポストフェミニストへと分断されていただろうということだ。

しかしこの一九六〇年代の時点では、二人の立場は逆（リタは女性の自由を獲得する前衛であり、リサは中産階級でありこそすれ自由を奪われた主婦という立場）で、それゆえにこそ連帯が可能だった。そのような連帯の可能性は、現在は決定的に失われてしまったことを、この二人の連帯はむしろ痛感させる。それでも、現在は失われた連帯の可能性を、二〇一〇年の映画『メイド・イン・ダゲナム』が描くのは、なぜだろうか。

それは、やはりミースの主婦化の観点から説明できるだろう。現代において、主婦化された労働とは家庭内無償労働にかぎられたものではない。ミースは主婦化をポストフォーディズム的な、労働のフレックス化の総称という広い意味で使っている（二五頁）。現代の資本主義は、女性の労働力を賃金がよく安定したフォーマル・セクターから追放し、低賃金または無償の不安定な労働に押しやることで利潤を蓄積している（二三頁）。それによって生み出されるアンダークラスの貧困女性の存在を、ガラスの天井を突き破って働く勝ち組の女性像が覆い隠している。この分断統治が現在の資本主義の本源的蓄積にとっての重要な戦略であるならば、逆に、この分断を乗り越えることこそが現在の資本主義のもっとも弱い鎖を撃つこととなる。この映画は、それを呼びかけているのである。それは、ポスト新自由主義への呼びかけだ。

それと関連して決定的に重要なのがつぎの点だ。先ほどリタはリサの願望を受け取って第二波フェミニストになると述べた。重要なのは、リタは第二波フェミニストになるのと同時に、そしてそれと同等にポストフェミニストにも、その瞬間になるということである。リサによる福祉国家＝福祉資本主義＝核家族主義の批判は、時代が下れば個人的な学歴とスキルによるそこからの離脱というポストフェミニスト的な革命に結実するだろう。その意味でリサは実現しなかったポストフェミニストだ。わたしたちが見すえ、認めなければならないのは、リタが、リサのこのポストフェミニズム的願望もまた受け取っているということである。しかし、その願望は、そのようなものとしてはいまだ分節化されていない。つまり、リサ／リタのうちには、その後の歴史においては部分化され、分断され、新自由主義へと収奪されていくであろうような第二波＝ポストフェミニズム的な解放への衝動が、未分化なままにうずまいている。それが、連帯を可能にするのだ。そのような連帯の可能性が、現在は決定的に失われてしまったことを、この二人の連帯はむしろ痛感させる。しかしそれを痛感させるからこそ、二人のありえたかもしれない連帯は、ポストフェミニズムとポスト・リーマン・ショックの現在に独り苦しむエイミーたち、ジンジャーたち、ジャスミンたち、一子たちに、そして本書の円環を閉じるなら、アナたちやエルサたちに、一束の花束のように差し出されていると言えないか。

未来の種子は過去のうちにある。たとえそれがありえたかもしれない過去であろうとも、それが勃興的な未来の種子になりうるのなら、それは実効的な経験としての過去になり得る。リサとの約束を守り、実現させるのはリタだけではない。それは数多くのリタたちに、そしてわたしたちにゆだねられた願望なのである。くりかえすが、連帯とは他者の願望を自分の願望として受けとめることである。この他者は、現在現実に生きている他者である必要はない。それはかつて生きたかもしれない、そしてこれから生きるかもしれないリサたち、エイミーたち、ジンジャーたち、ジャスミンたち、一子たちでもありうるのだ。彼女たちの願望を実効的な経験として受けとめること。それが、第一歩であり、なおかつ終着点でもある。

おわりに

本書は雑誌『POSSE』vol. 23（二〇一四年六月）から vol. 28（二〇一五年十月）に連載した「文化と労働」を、加筆修正して書籍にまとめたものである。この連載の発端はSNS（Twitter）であった。二〇一四年四月、当時はディズニーの最新作『アナと雪の女王』が大ヒットし、まさに社会現象となっていた。わたしは（告白すると）作品そのものを見ないままに、『アナ雪』を、女の子にエンパワーメントをもたらすフェミニズム映画であるというようなインターネット上の評価を目にし、かなり直感的に、ディズニーが支配的なイデオロギーから逸脱したものをそうそう作るわけもなく、この作品は、本書で論じた通りのポストフェミニズム的な作品ではないかなどといい加減なことを書いた。

すると、ジェンダー・セクシュアリティ論の研究者である清水晶子さんから、ディズニー映画とはいえ、すべてをイデオロギー的なものとして却下するのはまちがっているといった主旨のお叱りを受けた（と記憶している）。確かに、本書で試みた通り、支配的な文化（売れている文化）の中に歴史的な積み重ね、つまり終章で述べたような残滓的なものを読み取る努力は、そこから現在とは違う萌芽的なものを見いだすためにはけっして怠ってはならない。それ以前にこの場合、まずは作品を見なければ始まらない。というわけで双子の娘たちを連れて慌てて映画館に走ったのだった。

これをかぎつけたのが、堀之内出版であった。まず『アナ雪』について書き、できればその後連載をしてみないかというお誘いをいただいた。雑誌連載などしたこともなかったわたしは、ちゃんとつづけられるのかしらという不安を抱きつつも、始めてしまえばなんとかなるだろうという楽観をもって、連載を開始した。実際、この通りなんとかなった。

以上のような経緯から生じたのが本書である。そのきっかけを作ってくださった清水さんと堀之内出版には感謝申し上げたい。

本書の底流となるアイデアをわたしが得たのは主に、お茶の水女子大学で開催されているThird-Wave Feminism読書会においてであった。この読書会は、二〇一一年に逝去された竹村和子さんのお弟子さんたちを中心として組織されたものである。その読書会をリードした人物のひとりが、本書で何度か言及した三浦玲一さんであった。

事実、本書の基本的なアイデアは三浦さんから受け継いだものであり、本書は言ってみれば三浦さんをどうやって超えるか、という苦闘でもあった。その三浦さんもまた、二〇一三年に道半ばで鬼籍に入られてしまったのである。竹村さんや三浦さんの偉大な仕事を超えることはおろか、お二人の跡継ぎを僭称するつもりはさらさらない。ただここに、学恩への謝辞を捧げたい。

その Third-Wave Feminism 読書会のメンバーでもある、越智博美さんと山口菜穂子さんには格別の感謝を捧げたい。お二人には、連載時に毎回原稿を見ていただき、助言をいただいた。また、同読書会の松永典子さんにも助言をいただいたことを記して感謝したい。

本書の最終章は、「連帯」へのほとんど祈りに近い叫びで締めくくられている。これはもちろん、第一章でのネグリ＝ハートそして『アナと雪の女王』の「愛の共同体」という連帯のかたち──というよりは、連帯の不可能性を想像的に解決するための比喩形象──に対する返歌であった。そうすると、最後に問われなければならないのは、わたし自身のその叫びが、「愛の共同体」と同様の想像的な解決になっていないかどうか、ということになるだろう。これについてはわたし自身に判断する資格はない。これについては、またほかの点についても、読者諸賢のご批判を請うしかない。

それにしても、わたしが最終的にとりつかれたアイデア、つまり連帯とは他者の欲望・願望を受け取ることであり、その願望はそれが他者のものであるがゆえにより強いものになる——精神分析に言わせれば、欲望はすべて他者の欲望なのであるから、あらゆる欲望は連帯に開かれているということにもなるが——というアイデアが、このような本を書く行為にもあてはまるというのは確かである。わたしは、右に名前をあげた、直接に知っている方々だけではなく、本書であつかったさまざまな作品や著作の作者、いやそれだけではなくそこに登場する架空の人物たちからさえも、願望を受け取って本書を書いた。

本書を書き終えてもっとも強く残る感慨は、文学や映画などのフィクションについて書くとはつまるところ、そういうことなのであろう、ということだ。他者の願望を受け取って書くことは、そこにみずからの願望も付け足し、誰かに受け渡すことにほかならない。わたしが正しいなら、それこそが連帯という営為のひとつのかたちなのである。

もちろん読者には、この連帯を拒む権利があるし、受け入れるにしても条件をつける権利がある。わたしとしてはむしろ、本書が完成されて文句のつけようのないものであるよりは、そういった反論や議論に開かれたものであることを望んでいる。フェイスブックの共感の共同体を批判した本書は、「よくないね！」ボタンもある世界に開かれていなければならない。いや、おそらく、そのような世界に開かれてあることこそが、「愛の共同体」を超えた連帯へと向かう唯一の道なのだろう。本書が、出版された瞬間にそのような道を歩み始めていることを願いつつ、筆を置きたい。

河野真太郎

二〇一七年五月

文庫版へのあとがき

本書『戦う姫、働く少女』の単行本版が出版されたのは二〇一七年であった。また、「おわりに」に記した通り、その元となる連載は二〇一四年から二〇一五年に雑誌『POSSE』に掲載された。この出版のタイミングは今からふり返ると非常に重要だったと分かる。

終章は、現在（＝出版当時）を「ポスト・リーマン・ショック」と特徴づけた上で、経済不況の中で際立つ女性の中での経済格差を題材とするさまざまな映画を検討し、その中に他なるもの同士の連帯の可能性を探った。本文では書かなかったが、今から思えばこの終章は二〇〇八年のリーマン・ショックだけではなく、二〇一一年の東日本大震災後のムードの中で書かれている。それらがもたらした経済的のみならず社会的な危機は、ポストフェミニズム的なものの危機でもあり、新自由主義の危機であった。そのような危機の中で、私はポストフェミニズムを超えた、現代的な階級分断を乗り越える連帯のイメージを探し求めた。

そして、本書の単行本版が出版された二〇一七年は、近年のフェミニズムと連帯にとって大きな転換点となった。私が言っているのはもちろん、#ＭeＴoo運動のことであり、#ＭeＴoo運動を軸として現在は第四波と呼ばれることもあるフェミニズムの新たな波のことである。二〇一七年十月五日、『ニューヨーク・タイムズ』紙の記者のジョディ・カンターとミーガン・トゥーイーが、大物映画プロデューサーのハーヴィー・ワインスティーンが数十年にわたって行ってきたセクシャルハラスメントを告発する記事を発表した。これを受けて俳優のアリッサ・ミラノが、セクハラ被害者たちに「私も（ＭeＴoo）」と声を上げて連帯するようＴwitterで呼びかけ、それはハッシュタグ運動としてまたたくまに広がった。その運動の甲斐あって、ワインスティーンは二〇一八年五月二十五日に逮捕され、禁固二十三年の実刑判決を受けた（ワインスティーン告発についてはカンターとトゥーイーの著書に基づいて映画『SHE SAID／シー・セッド その名を暴け』（日本公開二〇二三年）が制作された。記録としても映画作品としても、すばらしい出来だった）。

#ＭeＴoo運動はワインスティーンの事件のみならず、世界中でのセクハラや性暴力の告発、そしてそれらの背景にある女性差別的な文化や家父長制の批判の運動と

して広まっていった。日本でも二〇一七年五月二十九日にジャーナリストの伊藤詩織がジャーナリストの山口敬之の準強姦を告発し、二〇二二年には民事訴訟の最高裁判決で同意なき性行為が認定され、賠償が確定した。伊藤の闘いに応ずるように、メディア界や映画界などでのセクハラ、性暴力被害の告発や、それらを引きおこしている文化に対する批判が現在まで大きなうねりとなって起こっている。

このようにふり返ってみると、『戦う姫、働く少女』は#ＭｅＴｏｏ運動と第四波という大きな波の中から書かれたことがよく分かる。だが、書いた当時はそれには気づいていなかった。文字通りに波の「中」にいた私には、それがひとつの波の形を取っていることさえ見えなかったし、そもそもここに素描した#ＭｅＴｏｏ運動はすべて出版の後の出来事であった。だが、意識的であれ無意識的であれ、本書はそのような波の中で書かれ、おそらくそのために、単行本版は現在まで八刷という増刷を重ねて読み継いでいただいた。

ただし私は今、#ＭｅＴｏｏ運動の全てを肯定し、本書のすべてを両手放しで肯定しようとしているわけではない。すでに多くなされてきた批判だが、「ハリウッドのセレブの運動」としての#ＭｅＴｏｏ運動にはそれなりの限界があることは認めなければならないだろう。そもそも「ＭｅＴｏｏ」というスローガンは、アリッサ・ミラノが最初に考案したのではなく、アメリカの黒人市民運動家タラナ・バークが、家庭内の性暴力被害者の少女を支援するためのスローガンとして二〇〇六年に考案したものである。アリッサ・ミラノはそのことを知って、すぐにタラナ・バークに連絡したそうであるが、それにしても、もしふつうの（もしくは貧しい）黒人女性のための運動としてのMeTooが、華々しいハリウッド発のハッシュタグ運動の陰に忘れ去られたとすれば、ここにはポストフェミニズムの問題が存在することになる。つまり、ごく粗雑に言えば、白人ミドルクラス女性のための運動に、フェミニズムが限定されるという問題である。

このことは、本書の終章の結論『メイド・イン・ダゲナム（ファクトリー・ウーマン）』の評価とも関わってくるだろう。そこで私はミドルクラスの主婦のリサと労働者階級女性のリタとのあいだの連帯に大きな可能性を託した。今でもこの結論そのものの真正性は疑ってはいない。だが、この連帯が本当に「他なるもの」同士の連帯の模範例として、絶対視されるべきなのかどうかと言えば、それはやはり違うのではないかと思う。

というのも、『メイド・イン・ダゲナム』はイギリスの社会主義フェミニズムの精神の最良の部分を伝える映画だとは思うものの、近年においては、イギリスの社会主義フェミニストの一部によるトランスセクシュアル排除が先鋭な問題となっているのだ。私がずっと頼りにしてきたイギリスのフェミニスト歴史家がいわゆるTERF（トランス排除ラディカルフェミニスト）として厳しく批判されるといったことが起きている。このトランス排除問題は日本においてもかなり先鋭化している。もし、リサとリタという他なるもの同士の連帯が、さらなる他者の排除のもとに成り立っている可能性があるとすれば、どうすればいいのだろうか。そのような疑問を設定せずに済ますことは、いまやできなくなっている。

ここで、第二章・第三章の補論で論じた「インターセクショナリティ」という論点が非常に重要になるだろう。第二波フェミニズムの一部がトランス排除に流れていることに理論的必然性があるのか、それとも歴史的偶発性の問題なのかといったことについてここで何らかの判断らしきものを述べることはできない。しかし少なくとも、私が第三章の補論で「亡霊としての第三波」と述べたものの姿を明確にとらえることができたならば、「承認と再分配のジレンマ」を乗り越えて、別のより包摂的な社会主義フェミニズムの系譜が描けるはずである。そしてそれは必要だと、信じている。

そして、この全てに関わる問題であるが、シス男性の私がなぜ、どのような権限でこれを語っているのか、という問題がある。それは『戦う姫、働く少女』を書き終えた私が直面した疑問であった。そこから必然的に、次の仕事は男性性論となったし、男性がフェミニズムについて語ることの意味や正当性をめぐる議論となった。そこから生まれたのが、『戦う姫、働く少女』に連なる次著『新しい声を聞くぼくたち』（講談社、二〇二二年）である。『新しい声を聞くぼくたち』の主題を一言で言えば、「ポストフェミニズム時代の男性性」であるが、より短期的にはそれは、#ＭｅＴｏｏ運動または第四波フェミニズムの隆盛に対する男性のリアクションと、それが生じさせている分断をどうやって解除していくかという問題意識にもとづく著作となった。そこでは、『戦う姫、働く少女』で女性内部の階級分断を問題としたように、男性内部の階級分断を考察した。現在、「有毒の男性性」と呼ばれるようなものに対処し、フェミニズムの呼び声に応答したリベラルな男性主体を目指していくことは絶対的に必要である。だが、その呼びかけ自体が大きな分断を引きおこしていることもまた事実だ。この分断をいかにして乗り越えるか。もちろん、分断を引きおこしている原因はフェミニズムではなく、フェミニズムに応答する男性学的主体でもない。だが、それ以外の、分断を引きおこしている人びとを「やつら」と指差すことは、分断を真の深い意味で解決することにはならない。

この難問に取り組むには、本書で分析したような新自由主義とポストフォーディズムの現在において男性性はいかなる位置に置かれているかという考察がまず必要であった。その上で『新しい声を聞くぼくたち』が注目していったのは能力（アビリティ、ability、健常性）の問題だ。ポストフォーディズム時代独特の「能力」の要請は、覇権的男性性と従属的男性性の布置をいかにして変化させているのか。自立した健常的な身体を規範とする男性性を内側から切り崩していき、そのような男性性を捨て去ることを、ミドルクラス的な文化や能力ではなく、いわば共通文化にしていくためにはどのような道がありうるのか。そういった疑問を私は探究した。私としては『戦う姫、働く少女』は『新しい声を聞くぼくたち』との組みあわせで全体をなしている（完全なる完結を迎えたとは言えないにせよ）と考えているので、ぜひ手に取っていただきたい。

今回、改訂にあたって、本文については表記や事実関係の正確性にまつわる最低限の改訂にとどめ、その代わりに第一章から第五章のそれぞれに補論を付した。補論を書く作業は、出版からの六年間で起きた現実の上での変化が、またそれに応じた学問・理論的な展開がいかに大きなものであるかを痛感させた。それにもかかわらず、『戦う姫、働く少女』の議論そのものはいまだに有効性を失っていないこともまた確認できた。本書が入手のより容易な文庫版で多くの方の手に届き、より公正な社会の実現に少しでも役に立つことを祈っている。

増補版を編むにあたっては、単行本版の編集も担当してくださったよはく舎の小林えみさんに、また文庫化の提案と編集をしてくださった筑摩書房の甲斐いづみさんに大変にお世話になった。感謝を捧げたい。また、単行本版に装画をお寄せくださり、今回文庫版への転載をご快諾くださった桑原太矩さんに、そしてこれも単行本版から続けて表紙デザインを担当してくださった図工ファイブの末吉亮さんにも大きな感謝を。学恩についてはここには書ききれない。単行本の出版の後、研究者、批評家、学生、一般人などさまざまな方に本書への評価やご批判をいただいた。そのすべてを補論に反映させることはできなかったかもしれないが、本書は本当に幸せな人生を送っていると思う。感謝いたします。

二〇二三年八月

河野真太郎

参考文献

はじめに

Fisher, Carrie. "Daisy Ridley," *Interview*. Oct. 28, 2015. http://www.interviewmagazine.com/film/daisy-ridley#_

「J・Jエイブラムス監督「僕は宮崎監督の大ファン」引退を惜しみ《引退生活に飽きて、ぜひ復帰してもらいたい》と『スター・トレック イントゥ・ダークネス』イベントで語る！」『ABC振興会』http://abcdane.net/site/moviestv/2013/09/jj-stidcarpet-recap1st.html

第1章

Castells, Manuel. *The Rise of the Network Society*, 2nd ed. Chichester: Wiley-Blackwell, 2010.

Foster, Dawn. *Lean Out*. London: Repeater, 2016.

Goodman, Robin Truth. *Gender Work: Feminism after Neoliberalism*. New York: Palgrave Macmillan, 2013.

エグリントンみか「「トップ・ガールズ」のフェミニズム——キャリル・チャーチルの仕事をめぐって」川端康雄・大貫隆史・河野真太郎・佐藤元状・秦邦生編『愛と戦いのイギリス文化史——一九五一—二〇一〇年』慶應義塾大学出版会、二〇一一年、一八七〜二〇一

頁
斎藤環『戦闘美少女の精神分析』ちくま文庫、二〇〇六年。（太田出版より二〇〇〇年に刊行）
サンドバーグ、シェリル『LEAN IN（リーン・イン）――女性、仕事、リーダーへの意欲』村井章子訳、日本経済新聞出版社、二〇一三年
ダウリング、コレット『全訳版　シンデレラ・コンプレックス――自立にとまどう女の告白』柳瀬尚紀訳、三笠書房、一九八五年
チャーチル、キャリル『トップガールズ』安達紫帆訳、劇書房、一九九二年
ネグリ、アントニオ／マイケル・ハート『マルチチュード――〈帝国〉時代の戦争と民主主義』上下巻、幾島幸子訳、水嶋一憲・市田良彦監修、日本放送出版協会、二〇〇五年
ハーヴェイ、デヴィッド『〈資本論〉入門』森田成也・中村好孝訳、作品社、二〇一一年
ハイエク、フリードリヒ『隷属への道』西山千明訳、春秋社、二〇〇八年
ミース、マリア『国際分業と女性』奥田暁子訳、日本経済評論社、一九九七年
三浦玲一「ポストフェミニズムと第三波フェミニズムの可能性――『プリキュア』、『タイタニック』、AKB48」三浦玲一・早坂静編『ジェンダーと「自由」――理論、リベラリズム、クィア』彩流社、二〇一三年、五九〜七九頁
若桑みどり『お姫様とジェンダー――アニメで学ぶ男と女のジェンダー学入門』ちくま新書、二〇〇三年

第一章補論

河野真太郎『新しい声を聞くぼくたち』講談社、二〇二二年
ジェンダーと労働研究会編『私たちの「戦う姫、働く少女」』堀之内出版、二〇一九年

シュラー、カイラ『ホワイト・フェミニズムを解体する――インターセクショナル・フェミニズムによる対抗史』飯野由里子監訳、川副智子訳、明石書店、二〇二三年

第二章

Eliot, George. *Daniel Deronda*. Oxford: Oxford UP, 2014.

Fraser, Nancy. "Feminism, Capitalism, and the Cunning of History." *Fortunes of Feminism: From State-Managed Capitalism to Neoliberal Crisis*. London: Verso, 2013. 209-226.

---. *Justice Interruptus: Critical Reflections on the "Postsocialist" Condition*. New York: Routledge, 1997.〔ナンシー・フレイザー『中断された正義――「ポスト社会主義的」条件をめぐる批判的省察』仲正昌樹訳、御茶の水書房、二〇〇三年〕

Ishiguro, Kazuo. *Never Let Me Go*. New York: Vintage, 2005.〔カズオ・イシグロ『わたしを離さないで』土屋政雄訳、ハヤカワepi文庫、二〇〇八年〕

Salinger, J. D. *The Catcher in the Rye*. Boston: Little, Brown and Company, 1951.〔J・D・サリンジャー『ライ麦畑でつかまえて』野崎孝訳、白水uブックス、一九八四年〕

Williams, Raymond. *The Country and the City*. Oxford: Oxford UP, 1973.〔レイモンド・ウィリアムズ『田舎と都会』山本和平ほか訳、晶文社、一九八五年〕

イシグロ・カズオ「『わたしを離さないで』そして村上春樹のこと」大野和基インタヴュー・訳『文學界』第六〇巻第八号（二〇〇六年八月）、一三〇～四六頁

大今良時『聲の形』全七巻、講談社、二〇一三～一四年

三部けい『僕だけがいない街』全九巻、角川書店、二〇一三～一七年

ボルタンスキー、リュック／エヴ・シャペロ『資本主義の新たな精神』上下巻、三浦直希ほか訳、ナカニシヤ出版、二〇一三年

三浦玲一「選択と新自由主義と多文化主義——グローバル化時代の文学としての『ハリー・ポッター』シリーズ」『英文学研究』第八八巻（二〇一一年十二月）、三三〜四七頁

第二章補論

コリンズ、パトリシア・ヒル／スルマ・ビルゲ『インターセクショナリティ』小原理乃訳、下地ローレンス吉孝監訳、人文書院、二〇二一年

第三章

Fraser, Nancy and Linda Gordon. "A Genealogy of 'Dependency': Tracing a Keyword of the US Welfare State." *Fortunes of Feminism: From State-Managed Capitalism to Neoliberal Crisis*. London: Verso, 2013, 83-110.

Ong, Aihwa. *Neoliberalism as Exception: Mutations in Citizenship and Sovereignty*. Durham: Duke UP, 2006.

Peck, Jamie. *Workfare States*. New York: Guildford, 2001.

Rifkin, Jeremy. *The End of Work: The Decline of the Global Labor Force and the Dawn of the Post-Market Era*. New York: G. P. Putnam's Sons, 1995.〔『大失業時代』松浦雅之訳、阪急コミュニケーションズ、一九九六年〕

Rose, Nikolas. *Powers of Freedom: Reframing Political Thought*. Cambridge: Cambridge UP, 1999.

角野栄子『魔女の宅急便』角川文庫、二〇一三年

叶精二『宮崎駿全書』フィルムアート社、二〇〇六年

キテイ、エヴァ・フェダー『愛の労働あるいは依存とケアの正義論』岡野八代・牟田和恵監

訳、白澤社、二〇一〇年
コテ、ジェームズ「アイデンティティ資本モデル――後期近代への機能的適応」松下佳代・溝上慎一訳、溝上慎一・松下佳代編『高校・大学から仕事へのトランジション――変容する能力・アイデンティティと教育』ナカニシヤ出版、二〇一四年、一四一〜八一頁
坂倉昇平『AKB48とブラック企業』イースト新書、二〇一四年
サンドバーグ、シェリル『LEAN IN（リーン・イン）――女性、仕事、リーダーへの意欲』村井章子訳、日本経済新聞出版社、二〇一三年
清水節「宮崎駿が『千と千尋の神隠し』を語る――眠っていた「生きる力」を天才が呼び覚ますまで」『プレミア日本版』二〇〇一年九月号、六六〜七三頁
ドラッカー、ピーター・F『新版 断絶の時代――いま起こっていることの本質』上田惇生訳、ダイヤモンド社、一九九九年
錦織史朗「ユニ×クリ AKB48「チャンスの順番」」『POSSE』Vol．10（二〇一一年二月）、一〇六〜一二頁
仁平典宏、山下順子編『労働再審⑤ケア・協働・アンペイドワーク――揺らぐ労働の輪郭』大月書店、二〇一一年
フロリダ、リチャード『クリエイティブ資本論――新たな経済階級の台頭』井口典夫訳、ダイヤモンド社、二〇〇八年
ベル、ダニエル『脱工業社会の到来――社会予測の一つの試み』上下巻、内田忠夫ほか訳、ダイヤモンド社、一九七五年
ホックシールド、A・R『管理される心――感情が商品になるとき』石川准・室伏亜希訳、世界思想社、二〇〇〇年
三浦玲一『村上春樹とポストモダン・ジャパン――グローバル化の文化と文学』彩流社、二

〇一四年
文部科学省『平成一三年度　文部科学白書』http://www.mext.go.jp/b_menu/hakusho/html/hpab200101/index.html

第三章補論

小川公代『ケアする惑星』講談社、二〇二三年
——『ケアの倫理とエンパワメント』講談社、二〇二一年
北村紗衣「波を読む——第四波フェミニズムと大衆文化」『現代思想』第四八巻第四号（二〇二〇年）、四八〜五六頁
ギリガン、キャロル『もうひとつの声で——心理学の理論とケアの倫理』川本隆史・山辺恵理子・米典子訳、風行社、二〇二二年
ケア・コレクティヴ『ケア宣言——相互依存の政治へ』岡野八代・冨岡薫・武田宏子訳、大月書店、二〇二一年
田中東子『メディア文化とジェンダーの政治学——第三波フェミニズムの視点から』世界思想社、二〇一二年

第四章

Flynn, Gillian. *Gone Girl: A Novel*. New York: Crown, 2012.〔『ゴーン・ガール』上下巻、中谷友紀子訳、小学館文庫、二〇一三年〕
Gill, Rosalind. "Postfeminist Media Culture: Elements of a Sensibility." *European Journal of Cultural Studies*. 10. 2 (2007): 147-166.
『ジブリ・ロマンアルバム　風の谷のナウシカ』徳間書店、一九八四年

東浩紀『ゲーム的リアリズムの誕生――動物化するポストモダン2』講談社現代新書、二〇〇七年
ヴェールホフ、クラウディア・フォン『女性と経済――主婦化・農民化する世界』伊藤明子訳、日本経済評論社、二〇〇四年
宇野常寛『ゼロ年代の想像力』ハヤカワ文庫、二〇一一年
白井弓子『WOMBS』全五巻、小学館、二〇一〇～一六年
前島賢『セカイ系とは何か』星海社文庫、二〇一四年
ミース、マリア『国際分業と女性――進行する主婦化』奥田暁子訳、日本経済評論社、一九九七年
宮崎駿『風の谷のナウシカ』全七巻、徳間書店、一九八三年～九五年
村瀬ひろみ『フェミニズム・サブカルチャー批評宣言』春秋社、二〇〇〇年

第四章補論

マクロビー、アンジェラ『フェミニズムとレジリエンスの政治――ジェンダー、メディア、そして福祉の終焉』田中東子・河野真太郎訳、青土社、二〇二二年

第五章

Williams, Raymond. *The Country and the City*. Oxford: Oxford UP, 1973.〔レイモンド・ウィリアムズ『田舎と都会』山本和平ほか訳、晶文社、一九八五年〕
ウィリアムズ、レイモンド「自然の観念」『共通文化にむけて――文化研究I』川端康雄編訳、大貫隆史・河野真太郎・近藤康裕・田中裕介訳、みすず書房、二〇一三年、九二～一二〇頁

オールディス、ブライアン『寄港地のない船』中村融訳、竹書房文庫、二〇一五年
小野俊太郎『「里山」を宮崎駿で読み直す――森と人は共生できるのか』春秋社、二〇一六年
斎藤環「「戦闘美少女」としての「かぐや姫」」『ユリイカ』四五巻一七号（二〇一三年十二月）、一一八～一二四頁
ジェイムソン、フレドリック「SFにおけるジャンルの不連続性――ブライアン・オールディスの『スターシップ』」『未来の考古学Ⅱ――思想の達しうる限り』秦邦生・河野真太郎・大貫隆史訳、作品社、二〇一二年、三五～五五頁
高畑勲／中条省平「インタビュー 躍動するスケッチを享楽する」『ユリイカ』四五巻一七号（二〇一三年十二月）、七〇～八二頁
宮崎駿『風の谷のナウシカ』全七巻、徳間書店、一九八三年～九五年

第五章補論
朝日新聞社編『危機の時代に読み解く『風の谷のナウシカ』』徳間書店、二〇二三年
河野真太郎『この自由な世界と私たちの帰る場所』青土社、二〇二三年
斎藤幸平『大洪水の前に――マルクスと惑星の物質代謝』角川ソフィア文庫、二〇二二年
――『人新世の「資本論」』集英社新書、二〇二〇年

終章
Flynn, Gillian. *Gone Girl: A Novel*. New York: Crown, 2012.〔『ゴーン・ガール』上下巻、中谷友紀子訳、小学館文庫、二〇一三年〕
海野つなみ『逃げるは恥だが役に立つ』全十一巻、講談社、二〇一三～二〇年

ミース、マリア『国際分業と女性』奥田暁子訳、日本経済評論社、一九九七年
ハーヴェイ、デヴィッド『新自由主義——その歴史的展開と現在』渡辺治監訳、作品社、二〇〇七年

本書は、二〇一七年に堀之内出版より
刊行されたものを増補改訂した作品です。

ちくま文庫

増補《ぞうほ》　戦《たたか》う姫《ひめ》、働《はたら》く少女《しょうじょ》

二〇二三年九月十日　第一刷発行

著　者　河野真太郎（こうの・しんたろう）

発行者　喜入冬子
発行所　株式会社　筑摩書房
東京都台東区蔵前二―五―三　〒一一一―八七五五
電話番号　〇三―五六八七―二六〇一（代表）
装幀者　安野光雅
印刷所　中央精版印刷株式会社
製本所　中央精版印刷株式会社

ISBN978-4-480-43909-3　C0195